INHALTSVERZEICHNIS

ANHANG

VORWORT

Ein naheliegender und wegen seiner zwangsläufigen Effektivität sehr wichtiger Schritt der Gegenwehr gegen die erschreckend weit gediehene Manipulation unseres Lebens ist die Intensivierung des Bewußtseins jedes einzelnen. Das gilt sowohl für den politischen als auch für den persönlichen Bereich. Es muß das Bewußtsein für die nicht unerhebliche Macht des Individuums geweckt werden, auch wenn — dies sei unbestritten — nur Einigkeit stark macht. Das Recht auf freie Entfaltung der Persönlichkeit ist ein Grundrecht des Menschen. Jede Staatsform macht hier — das liegt in der Natur der Sache — gewisse Abstriche. Es ist daher unbedingt erforderlich, immer wieder und unermüdlich erneut auf der Verwirklichung dieses Grundsatzes zu bestehen. Dies kann nur dadurch geschehen, daß der einzelne durch seine Mitarbeit, getragen vom Interesse am Wohle der Allgemeinheit — und so auch am eigenen — zu einer verantwortlichen Gestaltung des Lebens bewußt beiträgt.

Dort, wo unter Berücksichtigung der ethisch-moralischen Gesichtspunkte erkannt wird, daß die herrschenden Zustände dem Interesse der Freiheit zuwiderlaufen, muß gehandelt werden.

Dieses Buch soll die Notwendigkeit der Aktivität jedes einzelnen aufzeigen. Die hier geschilderten Interessen und

Methoden einer kleinen Gruppe egozentrischer Machtspekulanten, die mittels des Sozialismus eine Kontrolle über die ganze Welt und so die Vermassung des Individuums anstreben, entsprechen der Tatsache und bilden eine Gefahr von noch nie dagewesenem Ausmaß.

Man lernt die unglaublichen — aber wahren — Hintergründe einer riesigen Verschwörung kennen, deren Auswirkungen sich bis in das Leben jedes einzelnen erstrecken. Die Beurteilung politischer und wirtschaftlicher Ereignisse, wie sie in jüngster Zeit in Gestalt der sogenannten weltweiten Energiekrise auftraten, wird so jedem möglich, und zwar in der richtigen Einschätzung der wahren Hintergründe. Man ist in der Lage, den Informationswert der Massenmedien mit Recht zu bezweifeln.

Wie stark ein manipuliertes Geschichtsbild in unser aller Bewußtsein eingeprägt ist, mag an der oft provozierenden Wirkung dieses Buches deutlich werden.

1. KAPITEL

IN DER POLITIK GESCHIEHT NICHTS ZUFÄLLIG

Millionen Amerikaner sind über die Mißgeschicke, die unserer Nation täglich zustoßen, besorgt und enttäuscht. Sie sind jedoch nicht in der Lage, den Grund dieser Sorge und Enttäuschung klar zu erkennen. Sie befinden sich damit in der gleichen Situation wie ein Kind, das vergeblich bemüht ist, in einem Vexierbild einen verborgenen Gegenstand zu entdecken. In einem Vexierbild wird das eigentlich Wichtige durch das Überbetonen anderer Gegenstände geschickt verborgen. Ähnlich wie der Zeichner eines solchen Bildes gehen die Massenmedien in unserer Gesellschaft vor. Zeitungen, Radio und Fernsehen tragen viel dazu bei, daß wahre Zusammenhänge unentdeckt bleiben, da sie raffiniert getarnt werden. Dieses Buch soll zeigen, wie man es anstellen kann, diese Tarnung zu durchschauen.

Vielleicht geht es Ihnen auch so: Sie haben im Gefühl, daß irgend etwas nicht in Ordnung ist, können jedoch nicht konkret formulieren, was es ist. Dennoch werden weiterhin neue Präsidenten gewählt, die scheinbar glaubwürdig versichern: »Wir werden den weltweiten Vormarsch des Kommunismus aufhalten, allzu hohe Regierungsausgaben reduzieren. Wir werden das Feuer der Inflation löschen und so die schwankende Wirtschaft wieder aufrichten. Wir werden den Trend umkehren, der unser Land in eine moralische Kloake zieht, und wir werden die Kriminellen ins Kittchen werfen, wo sie hingehören.»

Doch ungeachtet dieser großen Versprechungen verschlimmern sich all diese Probleme weiterhin, unabhängig davon, wer an der Regierung ist. Jede neue Regierung, ob nun republikanisch oder demokratisch, führt im Grunde die Politik der vorhergegangenen fort. Diese Tatsache ist traurig, aber wahr. Gibt es denn nun eine plausible Erklärung für diese Realität? Niemand erwartet von uns, daß wir eine solche Frage stellen. Man erwartet vielmehr eine kritiklose und sehr naive Einstellung, die besagt, daß alles unabsichtlich und zufällig geschieht und man deshalb auch nichts ändern kann.

F. D. Roosevelt sagte einmal: »In der Politik geschieht nichts zufällig. Wenn etwas geschieht, kann man sicher sein, daß es auch auf diese Weise geplant war.« Ein Mann wie er sollte es eigentlich wissen. Ich möchte in diesem Buch beweisen, daß vieles in der Weltpolitik, die unser Leben formt und gestaltet, allein deshalb geschieht, weil es von irgend jemand geplant wurde. Wären hier nur die Gesetze des Zufalls maßgebend, müßte sich zumindest die Hälfte der Geschehnisse, die das Wohl unserer Nation beeinflussen, günstig auf Amerika auswirken. Wäre allein menschliches Versagen der führenden Politiker im Spiel, so müßte sich auch gelegentlich ein Fehler zu unseren Gunsten ereignen. Ich will beweisen, daß wir es in Wirklichkeit nicht mit Zufälligkeiten oder Dummheit zu tun haben, sondern mit raffinierter Planung. Dieses kleine Buch befaßt sich mit der Taktik, die einer solchen raffinierten Planung zugrunde liegt und mit ihrer Auswirkung auf die Außen- und Innenpolitik der letzten sechs Regierungen. Ich hoffe, daß es erklärt, was bis heute unerklärlich schien — daß es ein scharfes Licht auf jene Dinge wirft, die bisher von den

Verschleierungsfachleuten der Massenmedien in ihren Darstellungen versteckt wurden.

Wer daran glaubt, daß weltgeschichtliche Ereignisse die Resultate einer genauen Planung sind, wird dafür ausgelacht, an eine »Verschwörungstheorie der Geschichte« zu glauben. Natürlich glaubt in unserer modernen Zeit niemand mehr an eine solche Theorie — außer denen, die sich die Zeit genommen haben, dieses Gebiet zu studieren. Es gibt zwei Theorien der Geschichtsbetrachtung. Entweder treten Ereignisse zufällig ein, weder geplant noch von irgendjemand verursacht, oder sie geschehen gerade, weil sie geplant sind und jemand dafür sorgt. Eigentlich sollte man über die »Zufallstheorie der Geschichte« lachen, die in den heiligen Hallen der Universitäten gepredigt wird. Denn warum wohl macht jede Regierung dieselben Fehler wie ihre Vorgängerin? Warum wohl wiederholt sie deren Irrtümer, die Inflationen, Krisen und Kriege hervorbringen? Warum begeht unser State Department einen kommunistenfreundlichen Fehler nach dem anderen? Wenn man glaubt, dies alles sei Zufall oder das Ergebnis der geheimnisvollen Gezeiten der Geschichte, wird man heute als Intellektueller geschätzt, der es versteht, daß wir in einer komplizierten Welt leben. Ist man jedoch der Überzeugung, daß eine Unzahl von nur negativen Zufälligkeiten nach dem Erfahrungsdurchschnitt absolut unwahrscheinlich ist, wird man als Narr bezeichnet.

Wie kommt es, daß fast alle maßgebenden Fachleute, alle Kolumnisten und Kommentatoren der Massenmedien die Verschwörungstheorie — man könnte sie auch als Theorie von Ursache und Wirkung bezeichnen — zurückweisen?

Erstens folgen die meisten Fachleute in diesen Berufen der Masse der akademischen Welt genau so wie die meisten Frauen der Mode folgen. Sich der allgemeinen Auffassung zu widersetzen, würde für sie einer sozialen und beruflichen Ächtung gleichkommen. Während Professoren und starre Verfechter bestimmter Dogmen vorgeben, tolerant und verständnisvoll zu sein, bewegen sie sich in Wirklichkeit auf einer Einbahnstraße, in der der Verkehr kontinuierlich nach links fließt.

Zweitens haben diese Leute im Laufe der Jahre ein starkes emotionales Interesse an ihren eigenen Irrtümern erworben. Ihre Intelligenz und ihr Ego sind total der Zufallstheorie unterstellt. Auch sind viele von ihnen nicht geneigt, ihren Irrtum zuzugeben und einzusehen, daß sie ein schwaches Urteilsvermögen gezeigt haben. Die offensichtliche Existenz einer politischen Verschwörung zu überprüfen, die hinter den Kulissen unser Schicksal lenkt, würde sie zwingen, die Meinungen eines ganzen Lebens über Bord zu werfen. Es bedarf in der Tat eines sehr starken Charakters, den Tatsachen ins Gesicht zu sehen und eigene Irrtümer einzugestehen, wenngleich diese auch nur aus mangelnder Information resultieren.

Dies mußte auch der Autor dieses Buches feststellen. Er wollte eigentlich gegen die konservativen Antikommunisten zu Felde ziehen, doch was dabei herauskam, war dieses Buch. Seine ursprüngliche Einstellung zum konservativen Standpunkt war argwöhnisch und feindlich. Erst nach Monaten intensiver Nachforschung mußte er eingestehen, lange Zeit einer Täuschung erlegen zu sein.

Politiker und sogenannte Intellektuelle haben sich der

Idee verschrieben, daß geschichtliche Ereignisse durch geheimnisvolle Strömungen in Bewegung gesetzt oder vom Zufall verursacht werden. Mit dieser Erklärung haben sie für etwaiges eigenes Versagen stets eine Rechtfertigung zur Verfügung. Die meisten Intellektuellen — ob nun echte oder solche, die sich diese Bezeichnung nur anmaßen — tun die Verschwörungstheorie damit ab, indem sie deren Existenz einfach ignorieren. Sie versuchen auch nie, das Beweismaterial für die Verschwörungstheorie in Frage zu stellen — was ihnen freilich auch nicht gelänge. Wenn jedoch das Totschweigen nicht funktioniert, nehmen diese scheinbar objektiven Fachleute und Meinungsbildner der Massenmedien ihre Zuflucht zu persönlichen Angriffen, zu Spott und Satire. Sie versuchen so, die Aufmerksamkeit von den Tatsachen abzulenken, die ein Autor oder Sprecher aufzudecken sucht. Das Ziel hierbei ist es, die mit der Enthüllung der unbequemen Wahrheit beschäftigte Person zu zwingen, ihre Zeit und Anstrengung der eigenen Verteidigung zu widmen.

Die politische Satire ist eine sehr wirkungsvolle Waffe im Kampf gegen die Verschwörungstheorie. Dieses Abwehrmittel wird geschickt eingesetzt, den Tatsachen und den Bemühungen, diese offen zu widerlegen, aus dem Wege zu gehen. Denn schließlich sieht sich niemand gerne dem Spott ausgesetzt. Die Furcht, sich der Lächerlichkeit preiszugeben, veranlaßt viele zum Stillschweigen. Zweifellos ist gerade unser Thema sehr leicht mit Hohn und Spott zu behandeln. Es ließe sich zum Beispiel die Technik anwenden, den Umfang der Verschwörung bis zum Absurden zu steigern. Einige Verschwörungstheoretiker überzeichnen das

Bild allerdings selbst, indem sie jedem vertrottelten liberalen Aktivsten und Regierungsbürokraten Verschwörungsabsichten unterstellen. Andere verwenden aus rassistischem oder religiösem Fanatismus heraus jedes zufällige Beweisstückchen zur Unterstützung eigener Vorurteile. Dann tauchen Hetzparolen auf, wie z. B.: »Die Verschwörer sind alles Juden, Katholiken und Freimaurer!« Es liegt auf der Hand, daß solche Personen einem Aufdecken der Verschwörung eher schaden als nützen. Sie unterstützen dadurch nur die Beweiskraft derer, die der Öffentlichkeit weismachen wollen, alle Verschwörungstheoretiker seien Spinner und Verleumder.

Oft nehmen die sogenannten Intellektuellen auch Zuflucht zu Klischees, indem sie zum Beispiel sagen: »Die Verschwörungstheorie ist oftmals verlockend; allerdings ist sie viel zu simpel.« Richtig, es wäre natürlich zu einfach, alles, was geschieht, einer kleinen Gruppe von Verschwörern zuzuschreiben. Nichts jedoch ist in unseren Augen simpler, als hartnäckig an den Zufall zu glauben und ihn als den bestimmenden Faktor der Weltgeschichte anzusehen.

In vielen Fällen halten die Liberalen es der krankhaften Einbildungskraft derer zugute, die von der Verschwörungstheorie überzeugt sind und sie zur Diskussion bringen. Sie unterstellen ihnen eine gewisse Überreiztheit ihres Empfindens, die sie hinter jedem normalen politischen Ereignis einen erneuten Beweis für diese »Teufelstheorie der Geschichte« entdecken läßt.

Da die Mehrzahl der meinungsbildenden Persönlichkeiten aus Wissenschaft und Massenmedien eine solche abwertende und geringschätzige Meinung von der Theorie von Ursache und Wirkung haben und diese auch überall aktiv verbreiten, nimmt es nicht wunder, daß Millionen ahnungsloser Menschen die gleiche Ansicht vertreten. Um nicht naiv zu erscheinen, wiederholen sie die Klischees der Meinungsmacher nur zu gerne. Obgleich dieser Haltung nur mangelnde Information zugrunde liegt, kann diesen Menschen der Vorwurf nicht erspart bleiben, daß sie ein Urteil über etwas fällen, worüber sie nicht im geringsten Bescheid wissen.

Die Gegner der Verschwörungstheorie sehen die Gründe für die Probleme der Menschheit in erster Linie in der Armut, der Unwissenheit und der Krankheit. Was ihnen jedoch entgeht, ist die Tatsache, daß die Drahtzieher der Verschwörung sich dieser drei Feinde des Menschen geschickt bedienen. Sie dienen als Rechtfertigung für ihr verantwortungsloses Machtstreben. Es spricht für eine sehr oberflächliche Denkungsweise, wenn die erheblichen Fehler der amerikanischen Regierung in den letzten drei Jahren der Armut, Unwissenheit und Krankheit des Volkes zugeschrieben werden. Die Anhänger der Zufallstheorie übersehen zum Beispiel die Tatsache, daß einige der fortschrittlichsten Nationen der Welt dem Kommunismus einverleibt wurden. So die Tschechoslowakei: Sie zählte zu den am stärksten industrialisierten Ländern Osteuropas. Oder Kuba, welches das zweithöchste Pro-Kopf-Einkommen Zentral- und Südamerikas aufweisen konnte.

Es wäre nicht richtig, zu behaupten, gar kein Vertreter der intellektuellen Elite würde der Verschwörungstheorie zustimmen. Wir möchten hier zum Beispiel Professor Carroll

Quigley von der *Foreign Service School* der Georgetown-Universität nennen, den wohl niemand als Rechtsextremisten anklagen kann. Professor Quigley verfügt über »hervorragende Referenzen der Liberalen« und unterrichtete an den akademischen Mekkas des liberalen Establishments — Princeton und Harvard. In seinem 1300 Seiten starken Werk *Tragedy and Hope* (Tragödie und Hoffnung) spricht Professor Quigley aufgrund eigener Erfahrungen über die Existenz eines verschwörerischen Netzwerkes. Er weist darauf hin, daß er nur gegen die Heimlichkeit dieses Netzwerkes protestiert, nicht aber gegen dessen Ziele. Er schreibt:

> »Ich weiß von den Operationen dieses Netzwerkes, weil ich es über zwanzig Jahre studiert habe und es mir erlaubt war, für zwei Jahre — in den frühen sechziger Jahren — seine geheimen Papiere und Aufzeichnungen zu überprüfen. *Ich hege keine Aversion dagegen, auch nicht gegen die meisten seiner Ziele und war die meiste Zeit meines Lebens eng mit ihm und vielen seiner Instrumente verbunden.* Ich habe sowohl in der Vergangenheit als auch kürzlich gegen einige seiner politischen Maßnahmen protestiert . . . aber im allgemeinen bestehen meine Hauptdifferenzen deshalb, weil es *unbekannt zu bleiben wünscht,* und ich glaube, daß seine Rolle in der Geschichte bedeutend genug ist, um bekannt zu sein.«

Der letzte Satz dieses Zitates stellt auch den Grund dar, aus welchem dieses Buch geschrieben wurde. Es wendet sich jedoch mit großem Nachdruck gegen das Ziel dieses Netzwerkes, das Professor Quigley beschreibt als »nichts weniger als ein Weltsystem der finanziellen Kontrolle in privater Hand zu erschaffen, das fähig ist, das politische System jedes Landes und die Wirtschaft der gesamten Welt zu beherrschen.« Noch erschreckender ist die beabsichtigte Kontrolle aller individuellen Aktionen. Professor Quigley beobachtete: ». . . die Freiheit des Individiums und seine freie Entscheidung werden bei sehr geringem persönlichen Spielraum dadurch kontrolliert, daß es von Geburt an numeriert wird und im weiteren als Nummer durch seine Ausbildung, seinen geforderten militärischen oder anderen öffentlichen Dienst, sein Steuerkonto, seine gesundheitliche und medizinische Betreuung, die abschließende Pensionierung und seine Sterbebeihilfe läuft.« Dieses Netzwerk strebt also eine Kontrolle der Weltwirtschaft durch die Kontrolle aller Regierungen der Welt an. Um dieses Ziel zu erreichen, gebrauchen die Verschwörer sogar kaltblütig eigens dazu geschürte Kriege. Sie steuern das Monopol an, was alle Mitbewerber beseitigt und ein freies Unternehmertum zerstört. Professor Quigley von Harvard, Princeton und Georgetown *billigt* das.

Er ist nicht der einzige Akademiker, der sich dieser nach Selbstverewigung drängenden Clique bewußt ist, die wir *Insider* nennen wollen. Gleichzeitg aber sind sich die anderen Wissenschaftler auch bewußt, daß ihre Karrieren und somit auch ihre Existenz zerstört würden, wenn sie sich offen gegen die Insider wendeten. Der Autor weiß, daß solche Leute existieren, da er mit einigen von ihnen in Kontakt war.

Auch Persönlichkeiten des religiösen Lebens sind sich

der Existenz dieser ,Verschwörung bewußt. In einer UPI-Meldung vom 27. 12. 1965 erhob zum Beispiel Pater Pedro Arrupe, Oberhaupt des Jesuitenordens der römisch-katholischen Kirche, während seiner Bemerkungen zum ökumenischen Konzil folgende Vorwürfe:

> »Diese . . . gottlose Gesellschaft operiert in einer außergewöhnlich wirkungsvollen Art und Weise, wenigstens in den höheren Führungsebenen. Sie macht Gebrauch von allen ihr zur Verfügung stehenden Mitteln, seien sie nun wissenschaftlicher, technischer, sozialer oder wirtschaftlicher Art. Sie folgt einer genau ausgearbeiteten Strategie. Sie hält beinahe die gesamte Macht über die internationalen Organisationen, die Finanzkreise und über den Bereich der Massenkommunikation, nämlich Presse, Kino, Radio und Fernsehen, in den Händen.«

Es ist nicht einfach, jemanden von der Existenz einer Verschwörerclique von Insidern zu überzeugen, die auf aller höchster Ebene die Politik aller Regierungen manipuliert. Hier ist die Wahrheit tatsächlich ungewöhnlicher als die Dichtung. Dieses Buch berichtet vom größten »Krimi« der Geschichte. Der Leser, der sich ernsthaft mit dem Studium der Materie befaßt, wird herausfinden, daß das, was zunächst unglaubhaft erschien, nicht nur existiert, sondern sogar in hohem Maße unser aller Leben beeinflußt.

Die erste Maßnahme jeglicher Verschwörung besteht darin, jedermann davon zu überzeugen, daß keine Verschwörung existiert. Der Erfolg der Verschwörer wird zum größten Teil von ihrer Fähigkeit bestimmt, sich und ihr

Vorhaben zu verheimlichen. Die Elite der akademischen Welt und die Massenmedien geben hier eine beträchtliche Schützenhilfe, indem sie die Existenz der Insider stets nur ins Lächerliche ziehen und so deren Operationen vertuschen.

Die meisten Leute, die selbst schon einmal Gegenstand eines Zeitungsartikels waren oder zumindest persönliche Kenntnis über seinen Hintergrund hatten, wissen, daß eine Zeitungsgeschichte meist nicht die ganze Wahrheit enthält; es gibt selten objektive Berichterstattungen. Hierfür gib es verschiedene Gründe: Vielleicht hatte der Reporter Zeit- und Raumprobleme. Vielleicht wurden nicht alle Beteiligten gehört, vielleicht haben einige bewußt etwas verschwiegen. Vielleicht hat der Berichtende seiner Auffassung gemäß Fakten hinzugefügt oder gestrichen. Man kann die Realitätsbezogenheit nur hundertprozentig beurteilen, wenn man entweder persönlichen Anteil am Geschehen hatte oder aber selbständige Recherchen betreibt und hierbei um eine große Wahrheitstreue bemüht ist.

Auch die Berichterstattung auf nationaler und internationaler Ebene bleibt der Forderung nach Objektivität vieles schuldig. Hinzu kommt, daß revolutionäre Neuerungen seit jeher auf Widerstand stoßen, gleichwohl sie der Richtigstellung wichtiger menschlicher Zusammenhänge dienen. Widerstand deswegen, weil Einsehen und Eingestehen neuer, alles Alte Lüge strafender Ansichten und Erkenntnisse das soziale Prestige vieler vernichtet. Außerdem bringt Neues Komplikationen mit sich. Vieles muß geändert werden. Als Kolumbus feststellte, daß die Erde rund war, wurde er angegriffen, verspottet und sah sich der Feindschaft der damaligen Intellektuellen ausgesetzt.

Auch — oder gerade — heute kommt für viele der soziale Status vor der intellektuellen Ehrlichkeit. Wer die Insider bloßstellt, gerät in ein Dauerfeuer der Massenmedien, da diese durch das Establishment kontrolliert werden. So wird jeder mit dem Verlust seines gesellschaftlichen Ansehens bedroht, sollte er es wagen, zu behaupten, daß hinter all den Problemen, die gegenwärtig Amerika ruinieren, eine Organisation steht. Leider ist vielen ihre gesellschaftliche Stellung weit wichtiger als das Überleben der Freiheit in Amerika. Danach gefragt, was ihnen wichtiger sei — ihr soziales Ansehen oder das Bewahren ihrer Kinder vor der Sklaverei — werden sie natürlich letzteres nennen, aber Handlungen oder Unterlassungen sprechen für sich. Diese Leute fürchten sich davor, ausgelacht zu werden, wenn sie einen Standpunkt beziehen. Es könnte ihnen ja die Einladung zu einer Cocktailparty sozialer Streber verweigert werden. Anstatt über die Insider regen sie sich über diejenigen auf, die ihrem Land dienen wollen, indem sie die Verschwörer bloßstellen.

Ein weiterer Umstand, der es sozialorientiert denkenden Menschen schwer macht, die offensichtliche Verschwörung objektiv zu erkennen, ist der, daß die Verschwörer aus den obersten gesellschaftlichen Schichten kommen. Sie sind sehr vermögend, gebildet, wirken sehr kulturbewußt und viele genießen den Ruf ausgeprägter Menschenfreunde. Niemand möchte gerne als Ankläger solcher Persönlichkeiten auftreten und gegen sie den Vorwurf erheben, sie hätten sich zur Versklavung ihrer amerikanischen Mitbürger verschworen. Die Insider wissen, daß der Sozialismus, durch den sie die Welt zu kontrollieren beabsichtigen, nur aufgehalten werden kann, wenn sich die freien Unternehmer zusammen mit der großen Zahl der Beschäftigten dagegen auflehnen. Sie glauben, daß den meisten dieser Leute ein tieferes Interesse für die Politik völlig abgeht. Sie wissen, daß viele Geschäftsleute und Berufstätige besonders anfällig für soziale Eitelkeit sind und deswegen ihr Ansehen auf keinen Fall gefährdet sehen wollen. All das unterstützen die Insider mit gezielter Agitation und raffinierter Taktik.

Es liegt in unserem eigenen Interesse, die Gefahr dieser Verschwörung in ihrer ganzen Tragweite zu erkennen. Es ergibt sich daraus für jeden von uns die zwingende Konsequenz, das Interesse an der Freiheit des Menschen dem eigenen sozialen Status vorzuziehen. Nur so wird es gelingen, die Verschwörung der Insider aufzudecken.

2. KAPITEL

SOZIALISMUS — DER SICHERE WEG ZUR MACHT DER SUPERREICHEN

Adolf Hitler ist ein Stück geschichtlicher Realität. Ebenso der Terror und die Zerstörung, die von ihm ausgingen. Hitler war der Sohn einer armen Familie, von der er keinerlei sozialen Rückhalt erwarten konnte. Er scheiterte in der höheren Schule und konnte nie als besonders gebildet bezeichnet werden. Diesen ungünstigen Voraussetzungen zum Trotz versuchte Hitler die Welt zu erobern, was ihm glücklicherweise nur beinahe gelang. Eine ähnliche Entwicklung nahm auch der Weg Wladimir Iljitsch Lenin. Wie Hitler entsprang auch er nicht einer Familie der gesellschaftlichen Prominenz. Er war der Sohn eines kleinen Angestellten und verbrachte den größten Teil seines Lebens in Armut. Dennoch wurde Lenin verantwortlich für den Tod von einigen Millionen Menschen und die Versklavung einer Milliarde mehr. Auch dies ist zur unabdingbaren geschichtlichen Tatsache geworden. Obwohl diese beiden Diktatoren nicht über wichtige Voraussetzungen wie Finanzkraft und geeignete Ausbildung verfügten, gelang ihnen doch der Aufstieg zu unerhörter Macht.

Ist nicht die Vermutung naheliegend, daß ein Milliardär, begünstigt durch eine glänzende Ausbildung und große Finanzkraft, sehr viel leichter seine etwaigen Machtpläne verwirklichen könnte? Man wird zugeben müssen, daß dies zumindest theoretisch möglich ist. Ein belegendes Beispiel für das Umsetzen günstiger Komponenten in uneingeschränkte persönliche Macht liefert uns die Antike in dem Aristokraten Julius Cäsar. Ihm fiel es als gebildetem, wohlhabendem und intelligentem Mann leicht, ein Bündnis mit ähnlich denkenden zu schließen. Solche Männer würden — auch heute — über eine ausgezeichnete Ausbildung und ein großes gesellschaftliches Ansehen verfügen. Sie wären in der Lage, eine ungeheure Menge Geld zur Verwirklichung ihrer Pläne aufzubringen.

Dem Durchschnittsmenschen fällt es schwer, eine fast schon als pervertiert zu bezeichnende Machtambition zu verstehen. Er begnügt sich in der Regel damit, einen angemessen hohen Lebensstandard für sich und seine Familie zu erstreben. Seine Ambitionen richten sich meist ausschließlich auf das Wohlergehen seiner Familie im weitesten Sinne. Es erscheint daher dem Durchschnittsmenschen faktisch nicht plausibel, daß es Menschen gibt, die ständig nach optimaler Macht streben und nur darin den Sinn ihrer Existenz sehen. Allein — die Geschichte hat immer wieder solche Menschen hervorgebracht. Warum sollte man nun annehmen, daß es heute nicht geschieht? Wäre es nicht auch möglich, daß solche »Finanzmächtige« sogar führende Staatsmänner wie Schachfiguren benutzen, um sich selbst immer mehr Macht anzueignen?

So wenig überzeugend dies alles zu Anfang klingen mag, verhält es sich doch so. Die Aufgabe dieses Buches soll es sein, den Leser davon zu überzeugen. Diese Aufgabe ähnelt der des Kolumbus, der die Menschen davon überzeugen wollte, daß die Erde nicht eine flache Scheibe, sondern rund ist. Das Buch zeigt Beweise dafür auf, daß der Kommunismus — oder das, was als solcher bezeichnet wird — nicht aus Moskau oder Peking kommt, sondern der Arm einer größeren Verschwörung ist, die von London, Paris und New York ausgeht. Die Männer an der Spitze dieser Bewegung sind keine Kommunisten im traditionellen Sinne dieses Begriffs. Sie verspüren keine Loyalität zu Moskau oder Peking. Loyalität kennen sie nur gegenüber sich selbst und ihrem Unternehmen. Für diese Männer ist die Pseudophilosophie des Kommunismus sicherlich wenig überzeugend und maßgebend. Sie hegen keineswegs die Absicht, ihren Besitz mit irgendjemand zu teilen. Sozialismus ist eine Philosophie, die von den Superreichen ausgenutzt wird, von denen die Verschwörung ausgeht. Den Glauben an diese Philosophie findet man nur bei den Naiven. Dieses Buch soll die Art und Weise gründlich erläutern, wie der Kapitalismus als Amboß und der Kommunismus als Hammer gebraucht werden, um die Welt zu erobern.

Die Idee, daß der Kommunismus nichts anderes ist als der Arm einer größeren Verschwörung, wurde durch die umfangreichen Nachforschungen des Autors zunehmend bestätigt. Es ergab sich für ihn die günstige Gelegenheit, ein sehr aufschlußreiches Gespräch mit vier Offizieren zu führen, von denen jeder seine Karriere im oberen miltärischen Geheimdienst gemacht hatte. Die daraus gewonnenen Informationen waren sehr wertvoll und sind auch schon einem großen Kreis bekannt. Hinzu kommt, daß der Autor weitere sechs Männer interviewen konnte, die eine beträchtliche Zeit als Ermittlungsbeamte in Kongreßausschüssen verbrachten. Einer dieser Männer, Norman Dodd, leitete im Jahre 1953 die Untersuchungen des *Reece Comittee* über steuerfreie Stiftungen. Als Mr. Dodd begann, sich in die Rolle der internationalen Hochfinanz innerhalb der weltweiten revolutionären Bewegung zu vertiefen, wurden seine Ermittlungen auf Anordnung des von Eisenhower geleiteten Weißen Hauses abgewürgt. Dodd zog daraus den Schluß, daß es zwar zulässig sei, gegen radikale Bombenwerfer zu ermitteln, der Versuch zur Ergründung deren Motivation jedoch nicht. Hier fällt — so Dodd — der politische »Eiserne Vorhang«.

Vieles wird dem Kommunismus angelastet, bezeichnet man ihn jedoch als Gegenstand einer Verschwörung, die von Männern hohen gesellschaftlichen Ansehens ausgeht, stößt man auf den heftigsten Widerstand eben jener Kreise. Einem aktiven Antikommunisten wird oft entgegengehalten, die Idee, daß eine kommunistische Verschwörung großen Einfluß auf die Vereinigten Staaten habe, sei absurd, obzwar man seine Besorgnis um den Kommunismus verstehen könne. Die Amerikaner seien in der großen Überzahl Antikommunisten. Sie dächten nicht daran, den Kommunismus zu akzeptieren. Allgemein sei es verständlich, über den Kommunismus in Afrika, Asien oder Südamerika besorgt zu sein — die Armut der dort lebenden Völker, ihre Unwissenheit und Not böten einen berechtigten Anlaß. Diese Einstellung sei jedoch in Amerika, wo die überwiegende Mehrheit der Menschen keine Sympathie für die kommunistische Weltanschauung hegt, vergeudete Mühe — so weit eine sehr verbreitete Ansicht.

Diese Argumente klingen in der Tat sehr einleuchtend. Es ist unbestreitbar, daß die Großzahl der Amerikaner Antikommunisten sind. Eine Meinungsumfrage über die amerikanische Einstellung zum Kommunismus würde dies zweifellos bestätigen. Auf den ersten Blick scheinen die Ressentiments gegen Antikommunisten, die wegen einer inneren kommunistischen Bedrohung besorgt sind, tatsächlich gerechtfertigt zu sein. Bei der fiktiven Meinungsumfrage würde aber bestimmt auf die Frage nach der Definition des Begriffes *Kommunismus* eine Vielzahl verschiedenster Vorstellungen deutlich.

Der eine wird ihn für die tyrannische Abart des Sozialismus halten. Ein anderer wird den Kommunismus, wie Marx ihn ursprünglich beabsichtigte, für eine gute Idee halten, er wird jedoch bemängeln, daß er niemals so praktiziert und von den Russen entstellt wurde. Ein intellektueller Typ könnte ihn als die Wiedergeburt des russischen Imperialismus bezeichnen.

Unter den vielen auseinandergehenden Meinungen würde die eines Professors für politische Wissenschaften etwa wie folgt lauten: »Die Frage ‚Was ist Kommunismus' ist doch total simplifiziert, dafür liegt hier eine viel zu komplexe Situation vor. Der heutige Kommunismus ist — im Gegensatz zu der Auffassung amerikanischer Extremisten vom rechten Flügel — keine internationale monolithische Bewegung. Vielmehr ist er eine polyzentrische, nationalistische Bewegung, deren Charakter vom jeweiligen Charisma der nationalen Führer geprägt wurde und wird. Obschon natürlich das Verschweißen der Hegelschen Dialektik mit dem Feuerbachschen Materialismus im großen und ganzen Gemeingut der kommunistischen Parteien ist, ist es — wie gesagt — eine monumentale Übersimplifikation, zu fragen, ‚Was ist Kommunismus'. Eine richtige

Fragestellung müßte lauten: ‚Was ist der Kommunismus des Mao Tse-tung? Was der des verstorbenen Ho Chi Minh oder Fidel Castros oder Titos?« So etwa klingt eine Formulierung der an unseren Universitäten vorherrschenden Auffassung, wie sie auch vom State Department vertreten wird.

Ist es nicht erschreckend, daß hier zwar viele Menschen etwas übereinstimmend verurteilen, aber sich nicht darüber einigen können, was es eigentlich ist, wogegen sie sich wenden? Das grundlegende Prinzip bei jedem Gefecht lautet: Erkenne deinen Feind. Jeder Fußballtrainer entwickelt seine Strategie unter Zuhilfenahme der von Beobachtern zusammengetragenen Daten über die gegnerische Mannschaft. Das heißt, wenn seine Mannschaft gegen einen völlig unbekannten Gegner antreten müßte, würde sie auch dessen Taktik nicht kennen und wäre gegen Überraschungsangriffe sehr wahrscheinlich wehrlos. So könnte eine schwächere Mannschaft, die jedoch die Schwächen des Gegners genau kennt, diesen — auch wenn er noch so gut und berühmt ist — durchaus in Gefahr bringen. Die Amerikaner kennen ihren Feind nicht. Konsequenterweise ist es daher nicht verwunderlich, daß wir seit drei Dekaden zusehen müssen, wie ein Land nach dem anderen hinter dem kommunistischen Vorhang verschwindet.

Diesem Buch und der Aufgabe, die es sich stellt, liegt folgende Definition des Begriffes Kommunismus zugrunde: Kommunismus ist ein internationales verschwörerisches Streben nach Macht seitens hochgestellter Persönlichkeiten, denen jedes Mittel recht ist, um ihr Ziel zu erreichen: globale Eroberung.

In diesem Buch wird der Versuch unternommen, den Beweis dafür anzutreten, daß diese Definition des Begriffes Kommunismus die einzig richtige ist.

Techniken des Kommunismus wie die von Marx, Engels, Lenin und Trotzki entwickelten, Gegenspiel von Bourgeoisie und Proletariat, der dialektische Materialismus, einige Pseudo-Volkswirtschaftslehren oder die politische Philosophie der Kommunisten — all das sollte nicht mit der kommunistischen Verschwörung selbst verwechselt werden. Den verschwörerischen Charakter des Kommunismus zu verstehen, ist eine grundsätzliche Voraussetzung für das erfolgreiche Eindringen in diese Materie.

Obwohl uns die Massenmedien täglich alle nur erdenklichen Bosheiten des Kommunismus vorsetzen, wird doch der Zorn der liberalen Presse und des Establishments durch die Theorie von der Verbindung »Verschwörung — Kommunismus« hervorgerufen. Bei aller antikommunistischen Einstellung und Grundhaltung bleibt hier ein unbegreifliches Tabu.

Die Geschichtsbücher berichten von vielen Gruppen, die sich verschworen, um die Macht zu erringen. Selbst das LIFE-Magazin glaubt an Verschwörer wie die Cosa Nostra, die das Ziel hat, mit Verbrechen Geld zu machen. Vor einigen Jahren brachte LIFE eine Artikelserie über die Zeugenaussagen von Joseph Valachi vor dem McClellan-Ausschuß. In diesen Enthüllungen sind einige beachtenswerte Aspekte enthalten. Die meisten von uns wußten nicht, daß diese Organisation Cosa Nostra genannt wurde, sondern wandten die Bezeichnung *Mafia* an. Wie der Name, so waren auch andere wichtige Fakten über diese Gruppe unbekannt, obwohl sie ein Jahrhundert alt war und in vielen Ländern der Erde unter einer sich selbst verewigenden Clique von Führern operierte. Verhält es sich nicht möglicherweise ebenso bei der politischen Verschwörung, die der Gegenstand dieses Buches ist? Wäre nicht die Rolle Dr. Carroll Quigleys ein Analog zu der des Zeugen Joseph Valachi?

An dieser Stelle erhebt sich die Frage, welche der beiden Verschwörungsarten die tödlichere ist — die kriminelle oder die politische. Was ist der wesentlichste Unterschied zwischen einem Mitglied der Cosa Nostra und einem Kommunisten oder — besser gesagt — einem Insider? Männer wie Lucky Luciano, die sich mit Klauen und Krallen zur Spitze des organisierten Verbrechertums emporgearbeitet haben, mußten aus zwingender Notwendigkeit mit diabolischer Brillanz arbeiten, sie mußten gerissen und absolut erbarmungslos sein. Doch diese hatten — fast ohne Ausnahme — keine formelle Ausbildung, sie erlernten ihr Handwerk auf den Hinterhöfen von Neapel, New York oder Chikago.

Nun nehmen wir jemanden mit der gleichen amoralischen Charakterstruktur, der in einer vornehmen, reichen Familie geboren wurde und auf den besten Schulen ausgebildet wurde. Dann Harvard, Yale oder Princeton mit anschließender Graduierung, möglicherweise in Oxford. In diesen Instituten würde dieser hypothetische Jemand völlig vertraut werden mit Geschichte, Volkswirtschaft, Psychologie, den sozialen und politischen Wissenschaften. Mit dieser Art von Ausbildung würde diese Person erkennen, daß jemand, der wirkliche Macht erringen will, politisch tätig und — wenn möglich — Regierungsmitglied werden muß. Werde also Politiker oder schnappe dir ein paar Strohmänner, die für dich arbeiten. Dies ist der Weg zur wirklichen politischen Macht und zum großen Geld.

Der Begriff der Verschwörung mit dem Ziel politischer Macht ist ebenso alt wie der der Regierung selbst. Die Verschwörung des Alkibiades im alten Griechenland oder die Cäsars im alten Rom gehören zum Gedankengut humanistischer Prägung. Daß es so etwas heute auch gibt, scheint sehr schwer verständlich und wird von gewissen Kreisen nur sehr ungern vernommen.

Verschwörer haben etwas gemeinsam: Sie müssen vollendete Lügner sein und weitsichtige Planer. Bei allen berühmt — oder berüchtigt — gewordenen Verschwörern findet man beharrliches Planen, das nahezu überwältigend ist. Präsident Roosevelts Behauptung sei an dieser Stelle wiederholt: »In der Politik geschieht nichts zufällig. Wenn etwas geschieht, kann man sicher sein, daß es auf diese Weise geplant war.«

In Wirklichkeit ist der Kommunismus eine Tyrannei, ausgeheckt von Machtsuchenden, deren wirkungsvollste Waffe die große Lüge ist. Wenn man alle Lügen des Kommunismus zusammennähme und würde sie einkochen, würden sich zwei Hauptlügen herausdestillieren. Erstens: Der Kommunismus ist unvermeidbar. Zweitens: Er ist eine Bewegung der unterdrückten Massen, die sich gegen die Ausbeuter erhebt.

Lassen Sie uns zu der imaginären Meinungsumfrage zurückkehren. Ich will so die erste große Lüge des Kommunismus analysieren, seine Unvermeidbarkeit. Über diesen Punkt befragt, würde die Großzahl der Interviewten sich dazu bekennen, daß die Menschen in Amerika dem Kommunismus gegenüber niemals die Hände in den Schoß legen würden. Dennoch würden sie angesichts der unverkennbaren Sozialisierungsbewegung und des Unvermögens des Einzelnen die Unvermeidbarkeit des Kommunismus — wenn auch gegen ihren Willen — als Möglichkeit nicht ausschließen.

Der einzelne Amerikaner merkt nicht, daß diese seine Haltung von oben her noch gefördert wird. Wie wirkungsvoll kann man gegen etwas opponieren, wenn man fühlt, daß seine Opposition nutzlos ist? Dem Opponenten die Idee zu geben, daß seine Verteidigung uneffektiv ist, ist so alt wie die Kriegsführung selbst. Der chinesische Herren-Philosoph des Krieges, Sun Tsu, verkündete im Jahre 500 vor Christus: »Die höchste Form der Kriegsführung ist die Zerstörung des Willens seines Feindes, um so allen Angriffen vorzubeugen.« Wir nennen das heute moderne psychologische Kriegsführung. Das Prinzip ist dasselbe.

Es ergibt sich also folgendes Bild der Amerikaner: Antikommunisten, aber unfähig, eine Definition des Kommunismus zu geben; Antisozialisten, aber in dem Glauben, daß Sozialismus unvermeidbar ist. Wie sah Marx den Kommunismus? Wie wichtig ist die »Unvermeidbarkeit des Kommunismus« für die Kommunisten? Worauf ist diese Unvermeidbarkeit gerichtet, auf den Kommunismus oder auf den Sozialismus? Das Studium des ‚Kommunistischen Manifestes' von Marx zeigt, daß Marx im Kernpunkt behauptet, die proletarische Revolution würde die sozialistische Diktatur des Proletariats etablieren. Um letztere zu erreichen, müßten drei Dinge vollendet werden: die Eliminierung aller Rechte auf privaten Besitz, die Auflösung der Familieneinheit und die Zerstörung der Religion, die Marx als Opium für das Volk bezeichnete. Wenn die Diktatur des Proletariats diese drei Dinge auf der ganzen Welt durchgesetzt habe — so fährt Marx fort — würde der Machtfaktor des allmächtigen Staates nach einer gewissen Zeitdauer dahinwelken und der Staatssozialismus dem Kommunismus den Weg freigeben. Alle Kommunisten müßten daran arbeiten, den Sozialismus zu etablieren, dann seien Regierungen nicht mehr erforderlich und jedermann würde diese Lebensform als Glück empfinden.

Kann diese Behauptung von Karl Marx, ein allmächtiger Staat würde »dahinwelken«, wirklich überzeugen? Kann man sich vorstellen, daß ein Mann wie Stalin — oder jeder andere mit der entsprechenden Gerissenheit und Erbarmungslosigkeit, die notwendig ist, um sich an die Spitze einer mächtigen Diktatur zu stellen — die Macht, die er auf Furcht und Terror gegründet hatte, freiwillig demontieren würde?*)

*) Marx wurde von einer mysteriösen Gruppe angeheuert, die sich „Liga der Menschen“ nannte, um das ‚Kommunistische Manifest‘ als demagogischen Köder für die Massen zu schreiben. Tatsächlich war das ‚K. M.‘ schon viele Jahre zuvor im Umlauf,bevor der Name Marx soweit anerkannt war, um ihn für die Autorenschaft dieses revolutionären Handbuches gebrauchen zu können. Alles, was Marx wirklich tat, war, daß er dieselben revolutionären Pläne und Prinzipien modernisierte und kodifizierte, die siebzig Jahre zuvor von Adam Weishaupt, dem Gründer der Illuminaten in Bayern niedergeschrieben wurden. Sachverständige bestätigen, daß die „Liga der Menschen“ nur eine Ausweitung der Illuminaten war, die in den Untergrund gingen, als sie im Jahre 1786 durch die bayerischen Behörden verboten wurden. (Siehe auch Payne, Robert, *Marx*, Simon & Schuster, New York, 1968 und Robison, John, *Proofs of a Conspiracy*, 1. Aufl. 1798; Neudruck: Western Islands, Boston und Los Angeles, 1968).

Sozialismus soll der Köder sein, um die Diktatur zu etablieren. Da diese sich nur sehr schwer mit idealistischen Mitteln motivieren läßt, muß die Idee hinzugefügt werden, daß sie nur eben eine vorübergehende Notwendigkeit sei. Es gehört viel Naivität dazu, das zu glauben, doch Millionen tun es.

Das Bestreben, nicht den Kommunismus, sondern den *Sozialismus* zu etablieren, ist der Kern dessen, was Kommunisten und Insider tun. Marx und alle seine Erben in der kommunistischen Bewegung haben ihre Nachfolger angewiesen, am Aufbau des Sozialismus zu arbeiten. Wenn man einen offiziellen Sprecher der Kommunisten in Amerika hört, wird dieser nie das Wort Kommunismus erwähnen. Er spricht nur von den eifrigen Bemühungen, die Sozialisierung Amerikas zu vollenden. Die gesamte kommunistische Literatur fordert ebenfalls nicht die Etablierung des Kommunismus, sondern die des Sozialismus.

Davon wird auch das Handeln vieler Angehöriger des Establishments bestimmt. Die 1970er Ausgabe des *New York*-Magazins enthält einen Artikel des Harvard-Professors John Kenneth Galbraith, der selbst ein erklärter Sozialist ist, mit der Überschrift: »Richard Nixon und die große sozialistische Wiederbelebung«. In der Beschreibung dessen, was er den »Nixon-Spielplan« nennt, erklärt Galbraith:

> »Mr. Nixon ist wahrscheinlich kein großer Leser von Marx. Aber [seine Ratgeber] die Doktoren Burns, Shultz und McCracken sind ausgezeichnete Wissenschaftler, die ihn gut kennen und den Präsidenten auf gleiches Niveau gebracht haben könnten.

> Und es steht jenseits allen Zweifels, daß die Krise, die dem Vorstoß in den Sozialismus hilft, von den Behörden geschickt eingefädelt wurde . . .«

Dr. Galbraith begann seinen Artikel, indem er erklärte:

> »Die sicherlich am wenigsten vorhergesagte Entwicklung der Regierung Nixon war der neue große Vorstoß in den Sozialismus. Man trifft Leute, die sich dessen nach wie vor nicht bewußt sind. Andere müssen sich die Augen reiben, denn sicherlich schienen die Vorzeichen entgegengesetzt zu stehen. Als ein Opponent des Sozialismus schien Mr. Nixon zielbewußt . . .«

Galbraith führt dann mit einer Liste der gigantischen Schritte in Richtung Sozialismus fort, die von der Nixon-Regierung unternommen wurden. Die Schlußfolgerung, die man aus diesem Artikel ziehen muß, ist, daß der Sozialismus — ob von den Demokraten oder von den Republikanern — unvermeidbar ist. Der Sozialist Dr. Arthur Schlesinger, ein Harvard-Mitglied, hat fast dasselbe gesagt:

> »Die größten Gewinne der Liberalen in der Vergangenheit verbleiben in den Gesetzbüchern, wenn die Konservativen die Macht zurückerhalten . . . der Liberalismus nimmt konstant an Substanz zu, und aus demselben Grund verliert der Konservatismus an dieser . . .«

Viele extreme Patrioten sind ahnungslos dem Konzept der Verschwörer verfallen. Walter Trohan, Emerit der *Chikago Tribune* und einer der hervorragendsten politischen Kommentatoren Amerikas, hat dies genau dargelegt:

> »Es ist eine bekannte Tatsache, daß die heutigen

Regierungsmaßnahmen, ob von Demokraten oder Republikanern, näher an der Plattform der kommunistischen Partei von 1932 sind, als an einem ihrer eigenen Parteiprogramme jenes kritischen Jahres. Vor mehr als hundert Jahren, exakt im Jahre 1848, verkündete Karl Marx das Programm des sozialistischen Staates im ‚Kommunistischen Manifest' ...«

Auch Mr. Trohan ließ sich zu dem Glauben verleiten, daß dieser Trend unvermeidbar sei:

»Die Konservativen sollten realistisch genug sein, um zu erkennen, daß dieses Land tiefer in den Sozialismus geht und eine Expansion der bundesstaatlichen Macht erfährt, ganz gleich, ob Republikaner oder Demokraten an der Regierung sind. Der einzige Trost, den sie haben mögen, ist der, daß unter Richard Nixon die Gangart langsamer sein wird, als sie es unter Hubert H. Humphrey gewesen sein könnte ...

Die Konservativen werden erkennen müssen, daß die Regierung Nixon den größten Teil vom Sozialismus der demokratischen Regierungen übernehmen wird, während sie vorgibt, es besser zu machen ...«

Das Establishment fördert die Idee der Unvermeidbarkeit des Kommunismus durch Verdrehen der Begriffe, die beim Beschreiben des politischen Spektrums verwendet werden (siehe Karte 1). Man sagt uns, daß auf der äußersten Linken des politischen Spektrums der Kommunismus zu finden sei. Weiterhin sagt man uns aber auch, daß auf der Gegenseite der äußeren Linken — ebenso zu fürchten —

die äußere Rechte ist, die man Faschismus nennt. Es wird uns unaufhörlich eingeschärft, daß wir uns auf der Mitte dieser Straße bewegen sollen; diese Mitte hat man Demokratie genannt. Das Establishment meint jedoch mit diesem letztgenannten Teil dieses Spektrums den Fabianschen (oder schleichenden) Sozialismus. Die Tatsache, daß sich die Mitte des Spektrums seit vierzig Jahren unerbittlich nach links verschoben hat, wird ignoriert. Hier haben wir ein ausgezeichnetes Beispiel für den Gebrauch falscher Alternativen. Man läßt uns die Wahl zwischen Kommunismus (internationalem Sozialismus) und Nazismus (nationalem Sozialismus); das gesamte politische Spektrum ist sozialistisch! Das ist absurd. Wo wäre der Platz eines Anarchisten auf diesem Spektrum, wo der einer Person, die an die konstitutionelle Republik und das freie Unternehmertum glaubt? Hierfür bietet dieses Spektrum keinen Raum, obwohl es wahrscheinlich von neunzig Prozent der Leute für die Definitionen ihrer bevorzugten politischen Anschauung gebraucht wird.

Es gibt auch ein akurates Spektrum (siehe Karte 2). Kommunismus bedarf laut eigener Definition einer totalitären Regierungsform. Die Differenzierung totalitärer Regierungssysteme, etwa in Kommunismus, Faschismus, Sozialismus, Cäsarismus oder Pharaoismus, ist für ein politisches Spektrum nicht von Bedeutung. Vom Standpunkt der in einem dieser Systeme lebenden Menschen war und ist es ohne Unterschied. Wenn nun die totalitäre Regierungsform — unter einem ihrer Pseudonyme — auf der äußeren Linken steht, muß logischerweise die äußere Rechte die Anarchie oder regierungslose Form darstellen.

Unsere Staatsgründer waren mit der beinahe-totalitären Regierungsform der englischen Monarchie zwar nicht einverstanden, sie wußten jedoch, daß ein Weg ohne Regierung zum Chaos führen mußte. So errichteten sie eine konstitutionelle Republik mit einer sehr limitierten Regierung. Sie wußten, daß der Mensch nur in der Freiheit zur Entfaltung findet.

Karte 1 und 2

Karte 1 veranschaulicht ein unzutreffendes Links-Rechts-Spektrum, wie es allgemein benutzt wird. Der Kommunismus (Internationale Sozialismus) steht hier ganz links außen. Sein Gegenstück, der Faschismus (Nationale Sozialismus) befindet sich rechts außen. Dazwischen ist der Fabiansche Sozialismus eingeordnet, die »Straße der Mitte«. Das gesamte Spektrum ist demnach sozialistisch!

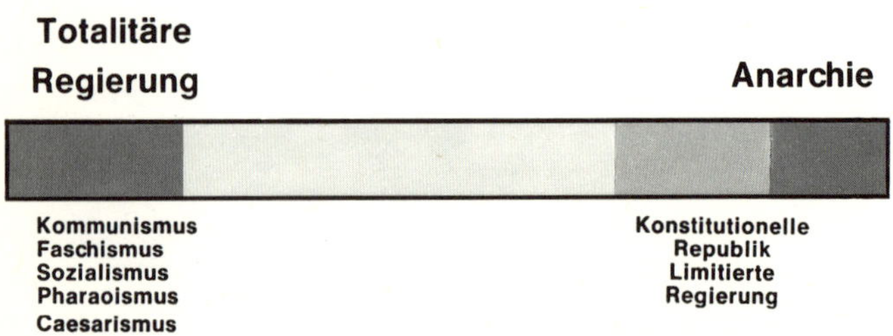

Karte 2 ist ein rationaleres Spektrum, bei dem totalitäre Regierungssysteme jeglicher Erscheinungsform auf der äußeren Linken und die regierungslose Form oder Anarchie auf der äußeren Rechten dargestellt sind. Die Vereinigten Staaten hatten eine limitierte Regierung der Republik. In den vergangenen 60 Jahren haben sie sich jedoch mit jedem neuen Stück sozialistischer Gesetzgebung auf dem Spektrum nach links bewegt und nähern sich der totalitären Regierungsform.

Obwohl das System des freien Unternehmertums in der Konstitution nicht besonders erwähnt wurde, ist es doch das einzige, was in einer konstitutionellen Republik existieren kann. Alle kollektivistischen Systeme erfordern alle Macht auf seiten der Regierung, was von der Konstitution nicht eingeräumt wurde. Unsere Gründer hatten nicht die Absicht, eine Regierung zu schaffen, die ihren Bürgern die Ergebnisse ihrer Produktion wegnimmt und unter denen verteilt, die sie nicht verdient haben. Deshalb mußten der Regierung getrennte, limitierte Machtbereiche eingeräumt werden — nicht mehr. Thomas Jefferson sagte: »Laßt uns also in Fragen der Macht nichts mehr vom Vertrauen in den Menschen hören, sondern haltet ihn ab vom Unheil durch die Ketten der Konstitution.« Jefferson wußte: Wenn die Regierung uneingeschränkte Machtbefugnis hat, werden die Menschen sehr bald in Fesseln liegen.

Es war Jeffersons Auffassung, daß die Regierung am besten regiert, wenn sie so wenig wie möglich regiert. Dieses Land wurde mit dem kleinstmöglichen Regierungsumfang gegründet. Obwohl unsere Staatsgründer in einer weniger technisierten Welt lebten — oder gerade deshalb — handelten sie der menschlichen Natur bei der Festlegung der politischen Richtung angemessener, als es die meisten Amerikaner heute fertigbrächten. Die Zeiten und Technologien ändern sich, aber diese Grundsätze bleiben zeitlos. Die Regierung war hauptsächlich da, um ein nationales Verteidigungssystem zu schaffen und aufrechtzuerhalten und ein Rechtssystem aufzubauen und zu erhalten. Aber die Ketten, von denen Jefferson sprach, sind gebrochen, und seit einiger Zeit sind wir dabei, uns im politischen

Spektrum nach links, in Richtung der kollektivistischen totalitären Regierungsform zu bewegen. Alle Vorschläge unserer politischen Führer — selbst solche, von denen man vermutet, sie erzielten eine gegenteilige Wirkung, wie z. B. der Nixonsche Ertragsbeteiligungsplan — tragen uns weiter nach links, der zentralisierten Regierung entgegen. Dies geschieht nicht deshalb, weil der Sozialismus unvermeidbar ist. Er ist vielmehr größtenteils das Resultat einer klugen Planung und eines beharrlichen schrittweisen Vorgehens. Da alle Kommunisten und die Insider sich fortgesetzt und angestrengt um den Sozialismus bemühen, wollen wir diesen Begriff nun definieren. Sozialismus ist gewöhnlich als das Eigentumsrecht bzw. die Kontrolle der Regierung über grundlegende Mittel der Produktion und Verteilung von Gütern und Dienstleistungen definiert. Eine Analyse dieser Definition bedeutet, daß die Regierung alles kontrolliert, im Grunde also jeden Menschen. Wenn sie diese Bereiche kontrolliert, kann sie schließlich das tun, was Marx vorzeichnete: das Recht an privatem Eigentum aufheben, die Familie auflösen und die Religion abschaffen.

Wir sind in Amerika dabei, sozialisiert zu werden, und jederman hat Kenntnis davon. Nun könnte doch jemand auf die Idee kommen zu fragen, warum ausgerechnet die vermögenden Leute — z. B. die Kennedys, die Fords, die Rockefellers und andere, für den Sozialismus plädieren. Haben die Superreichen nicht am meisten zu verlieren? Tatsächlich — es besteht ein gewaltiger Unterschied zwischen dem, was seine Befürworter als Sozialismus bezeichnen und dem, was er in der Praxis ist. Die Idee, der Sozialismus sei ein Vermögens-Verteilungsprogramm, ist genau genommen, Bauernfängerei, ein Kniff, die Leute herumzukriegen, ihre Freiheit einer machtvollen, kollektiven Regierung zu unterwerfen. Während uns die Insider erzählen, wir würden ein Paradies auf Erden bauen, errichten wir tatsächlich ein Gefängnis für uns selbst.

Muß es nicht auch den unbefangensten Betrachter merkwürdig berühren, daß gerade jene, die den Sozialismus am heftigsten vorantreiben, ihren eigenen Reichtum in Familientrusts und steuerfreien Stiftungen sichergestellt haben? Männer wie Rockefeller, Ford und Kennedy befürworten jedes sozialistische Programm, das Menschen sich ausdenken und das die Steuern der Amerikaner erhöht. Sie selbst jedoch bezahlen so gut wie keine Steuern. Ein Artikel der »Nordamerikanischen Zeitungsvereinigung«, veröffentlicht im August 1967, berichtet, warum die Rockefellers ungeachtet ihres gewaltigen Vermögens de facto keine Einkommensteuern bezahlen. Der Artikel verrät uns, daß einer der Rockefellers in einem der letzten Jahre den stattlichen Betrag von 685 Dollar an persönlicher Einkommensteuer bezahlt hat. Die Kennedys haben ihren Chikago-Großhandelsmarkt, ihre Häuserblocks, Yachten, Flugzeuge usw., die alle Eigentum ihrer zahllosen Familienstiftungen — und trusts sind. Das Steuerzahlen überläßt man großzügig dem einfachen Volk. Dennoch posieren Heuchler wie Rockefeller, Ford und Kennedy als die großen Vorkämpfer zur Befreiung der Unterdrückten. Wäre ihnen die soziale Situation der Armen wirklich ein echtes Anliegen, was stünde ihnen dann im Wege, dem mittels ihres eigenen Vermögens abzuhelfen? Sollten sie nicht auf sozialem Gebiet ein Beispiel in diesem Sinne aufstellen, anstatt sich mit Hilfe des

Sozialismus immer mehr persönliche Macht zu verschaffen? Sollten sie nicht bei sich selbst mit sozialistischen Reformen beginnen, anstatt bei der Mittelklasse, die beinahe alle Steuern bezahlt? Eine Vermögensverteilung würde für sie bedeuten, daß sie soviel von ihrem Vermögen abgeben müßten, bis sie auf dem nationalen Durchschnitt stehen. Wer könnte glauben, daß Teddy Kennedy seine Villa, sein Flugzeug und seine Yacht aufgibt und in ein 25 000-Dollar-Haus zieht, das mit einer 20 000-Dollar-Hypothek belastet ist?

Eine Motivation für das sozialistische Engagement der Superreichen lautet, sie hätten einen Schuldkomplex wegen ihres ererbten Vermögens. Nun — wie schon bemerkt — sie könnten diesen Schuldkomplex leicht loswerden, indem sie sich von ihrem unverdienten Reichtum trennen würden. Diese Motivation erklärt jedoch nicht die ausschließlich auf Macht gerichteten Aktionen der Insider.

Sie sind jedoch durchaus keine Heuchler, diese den Sozialismus befürwortenden Reichen. Ihr scheinbar widersprüchliches Sicheinsetzen für den Sozialismus und somit die Zerstörung des freien Unternehmertums ist in Wirklichkeit verständlich.

Die meisten von uns glauben, der Sozialismus sei ein Vermögensverteilungs-Programm, wie es die Sozialisten uns glauben machen wollen. Das ist die Theorie. Aber funktioniert dieses System wirklich so? Eine Überprüfung der sozialistischen Staaten — entsprechend der sozialistischen Eigendefinition — soll diese Frage beantworten. Es sind dies die kommunistischen Länder. Hier, in der Wirklichkeit des Sozialismus, steht eine dünne, oligarchische Clique an der Spitze. Gewöhnlich sind es nicht mehr als drei Prozent der gesamten Bevölkerung, die den gesamten Besitz, die gesamte Produktion und das gesamte Leben der übrigen siebenundneunzig Prozent kontrollieren. Sicherlich wird es auch dem Naivsten nicht verborgen bleiben, daß Herr Breschnew nicht so lebt, wie einer der armen Kleinbauern in der russischen Steppe. Doch was anderes erwartet die sozialistische Theorie denn von ihm?

Wenn man versteht, daß der Sozialismus kein Vermögensverteilungs-Programm ist, sondern eine Methode, den Besitz zu konsolidieren und kontrollieren, ist das scheinbare Paradoxon der Superreichen, die sich für den Sozialismus so einsetzen, schon enträtselt. So wird der Sozialismus zum logisch-konsequent eingesetzten, ja zum perfekten Werkzeug der nach Macht strebenden Insider. Kommunismus, oder genauer gesagt, Sozialismus, stellt sich auf diese Weise nicht als Bewegung der unterdrückten Massen, sondern als solche der volkswirtschaftlichen Elite dar. Der Plan der Insider ist es daher, die Vereinigten Staaten zu sozialisieren, nicht zu kommunisieren.

Wie kann dieser Plan nun verwirklicht werden? Karte 3 zeigt die Struktur unserer Regierung, wie sie von unseren Gründungsvätern festgelegt wurde. Die Konstitution fraktionierte und unterteilte die Regierungsgewalt in jeder erdenklichen Weise. Sie glaubten, daß jeder Teil der Regierung, ob bundesstaatlich, staatlich oder lokal, auf seine Gewalten sorgfältig bedacht sei und sie niemals einer zentralisierten Kontrolle übergeben würde. Auch wurden viele Phasen des Lebens — wie die Wohlfahrt und die Ausbildung — dem Zugriff der Politiker entzogen. Unter diesem

System konnte es keine Diktatur geben. Dazu hatte kein Regierungsteil alleine genügend Machtbefugnis. Diktatur setzt voraus, daß die Fäden der Macht an einer einzigen Stelle zusammenlaufen. Erst wenn dies eingetreten ist, ist die Diktatur unvermeidlich.

Der englische Philosoph Thomas Hobbes sagte einmal: »Freiheit ist eine Regierung, in kleine Fragmente unterteilt.«

Woodrow Wilson bemerkte zu diesem Thema: »Die Geschichte der Freiheit ist eine Geschichte der Begrenzung der Regierungsmacht, nicht deren Erweiterung.« Er sagte

Karte 3

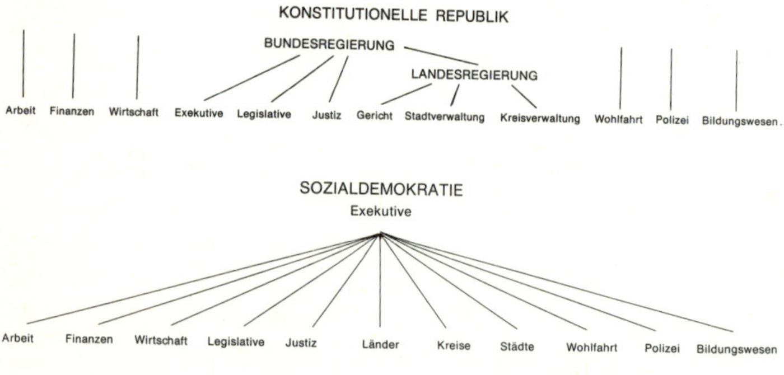

Die Entwicklung zur Diktatur war in den Vereinigten Staaten unmöglich, da die Macht limitiert und verteilt war. Heute, wo die USA sich dem demokratischen Sozialismus annähern, beginnt sich alle Macht an der Spitze des Exekutiv-Zweiges der bundesstaatlichen Regierung zu zentralisieren. Diese Konzentration der Macht läßt eine Diktatur unvermeidlich werden. Diejenigen, die den Präsidenten indirekt kontrollieren, erreichen die Kontrolle über das ganze Land.

dies, bevor er zum Werkzeug der Insider wurde. Und der geschichtsbekannte englische Lord Acton kommentierte: »Macht neigt zu Verderbtheit, absolute Macht zu absoluter Verderbtheit.« Diese Männer lebten nach unseren Staatsgründern, denen diese Prinzipien ungeachtet dessen auch schon als Grundsatz dienten.

Aber was geschieht heute? Indem wir uns entlang dem politischen Spektrum nach links in Richtung Sozialismus bewegen, werden die Machtbefugnisse bei der Exekutive der bundesstaatlichen Regierung zentralisiert. Das wurde zum großen Teil durch Gesetzgebung oder bundesstaatliche Subventionen erreicht. Geld wird als Köder benutzt und die bundesstaatliche Kontrolle ist der Haken. Der oberste Gerichtshof hat entschieden — und in diesem Falle sehr logisch —, daß »es nicht an Folgeverfahren der Regierung fehlen wird, um zu regulieren, was sie subventioniert«.

Wenn jemand die Kontrolle über die Vereinigten Staaten haben möchte, wäre es unmöglich, jedes Bürgermeisteramt, jeden Kreistag und jeden Landtag zu übernehmen. Wenn aber die Spitze des Exekutivzweiges der Bundesregierung mit der gesamten Macht ausgestattet ist, braucht nur ein Mann kontrolliert zu werden, und man hat so den ganzen verzweigten Apparat unter Kontrolle. Wenn jemand wünscht, die gesamte Fabrikation, den Handel, die Finanzen, das Transportwesen und die Rohstoffquellen zu kontrollieren, braucht er nur die Spitze, den zentralen Machtpunkt zu kontrollieren. Er hätte so ein Monopol, und alle Konkurrenten wären ausgeschaltet. Möchte man ein nationales Monopol, so muß man eine nationale sozialistische Regierung kontrollieren. Und schließlich — will man ein weltweites Monopol erringen, so muß eben eine sozialistische Weltregierung kontrolliert werden. Das ist die wesentliche Regel bei diesem Spiel um die Macht. Nun wird klar, daß Kommunismus keine Bewegung der unterdrückten Massen ist, sondern eine Bewegung, erschaffen von macht- und geldgierigen Insidern, um die Kontrolle über die ganze Welt zu erlangen. Zuerst werden sozialistische Regierungen in den einzelnen Nationen etabliert, die dann durch Konsolidierung zu einer Groß-Fusion ein allmächtiger, sozialistischer Welt-Superstaat werden sollen, möglicherweise unter der Schirmherrschaft der Vereinten Nationen.

Die Art, wie der Kommunismus bisher benutzt wurde, um diesem Ziel näherzukommen, bildet den Gegenstand im folgenden Teil dieses Buches.

3. KAPITEL

WÄHRUNGSKRISEN
MACHEN DIE REICHEN REICHER

Viele Geschichtsprofessoren an der Universität erklären ihren Studenten, die von ihnen verwendeten Lehrbücher seien »objektiv«. Ist es möglich, ein Geschichtsbuch ohne speziellen Gesichtspunkt zu schreiben? Jeden Tag geschieht auf der Welt eine Unzahl von Ereignissen. Der Gedanke an die komplette, nichts auslassende Aufzeichnung ist völlig absurd.

Die Fähigkeit eines Historikers, Geschichte objektiv wiederzugeben, ist nicht nur durch den bloßen Umfang der Ereignisse begrenzt, sondern auch durch die Tatsache, daß viele bedeutende Ereignisse niemals in Dokumenten oder irgendwelchen Memoiren verzeichnet sind. Die Entscheidungen, die von den geschichtsbestimmenden Großen unter Ausschluß der Öffentlichkeit getroffen werden, gelangen nicht in die Presse. Nicht einmal die *New York Times*, die angeblich jede Neuigkeit berichtet, die zum Drucken geeignet ist (jede geeignete Neuigkeit müßte es genauer heißen).

Der Historiker ist also darauf angewiesen, die kleine, unvollständige Zahl von Fakten, die bekannt ist, für seine Arbeit auszuwählen. Wie trennt er nun — wenn er keinen bestimmten Gesichtspunkt verfolgt — die unwichtigen von den wichtigen Fakten? Wie Professor Stuart Crane treffend sagte, »beweist« darum jedes Buch die These des Autors. Es kann also kein Buch einen Objektivitätsanspruch stellen, auch dieses nicht. Die Informationen in diesem Buch beruhen auf Fakten, welche jedoch ausgewählt sind, um die aufgestellten Behauptungen zu beweisen.

Ich glaube, daß die meisten Historiker die geschichtliche Realität verkennen, indem sie sich zu sehr auf die äußeren Erscheinungen konzentrieren.

Die meisten Fakten, die in diesem Buch herausgestellt werden, sind ohne weiteres in jeder großen Bibliothek nachprüfbar. Die Fakten sind so geordnet, daß sie ihre wahre Bedeutung in der Geschichte genau offenbaren. Ihr Bekanntwerden liegt nicht im Interesse des Establishments.

Heute sind Millionen von Amerikanern durch die gegenwärtigen Ereignisse in der Nation verwirrt. Wie bei einem Kriminalfilm, der verwirrend wirkt, wenn man den Anfang versäumt hat, müssen auch hier alle Teilstücke chronologisch richtig eingeordnet werden, damit ihre wahre Bedeutung sichtbar wird.

Um die Verschwörung zu verstehen, ist es notwendig, eine elementare Kenntnis über das Bankwesen und — speziell — die internationalen Bankiers zu haben. Es wäre eine Simplifikation, den internationalen Bankiers die gesamte Verschwörung zuzuschreiben — nichtsdestoweniger haben sie eine Schlüsselrolle gespielt. Man muß sich die Verschwörung als eine Hand vorstellen, wobei ein Finger dieser Hand das internationale Bankwesen darstellt, die übrigen für »Stiftungen«, »Antireligiöse Bewegungen«, »Fabianischen Sozialismus« und »Kommunismus« stehen. In unserem Zitat von Prof. Quigley sprach dieser jedoch von den internationalen Bankiers, wobei er darlegte, daß diese kein geringeres Ziel als die Kontrolle der ganzen Welt durch den Machtfaktor der Finanzen verfolgen.

Woher erhalten die Regierungen die enormen Gelder, die sie benötigen? Das meiste stammt natürlich aus den Steuereinnahmen. Die Regierungen geben jedoch oft mehr aus als sie an Steuern einnehmen. So sind sie gezwungen, Kredite aufzunehmen. Die nationalen Schulden der Vereinigten Staaten betragen etwa 455 Milliarden Dollar — jeder Cent davon gegen Zinsen von irgendjemand geliehen.

Die Öffentlichkeit wird dazu verleitet zu glauben, daß unsere Regierung sich dies mit Hilfe von festverzinslichen Pfandbriefen leiht. In Wirklichkeit wird aber nur der kleinste Prozentsatz der nationalen Schulden von Leuten in dieser Form getragen. Die meisten Pfandbriefe der Regierung, mit Ausnahme derer, die aufgrund ihrer Kreditfonds der Regierung selbst gehören, sind im Besitz von riesigen Bankfirmen, die wir als internationale Banken bezeichnen.[1]

Seit Jahrhunderten war mit der Finanzierung von Regierungen durch internationale Bankiers viel Geld zu machen. Bei solchen Operationen sah man sich jedoch gewissen Problemen gegenübergestellt. Wir wissen, daß kleine Bankunternehmen sich selbst durch Ausfallbürgschaften schützen. Welche Art von Ausfallbürgschaft aber wird den Machtverhältnissen gegenüber einer Regierung — oder früher — einem König gerecht? Der Prozeß, mit dessen Hilfe man eine Schuld von einer Regierung kassiert, ist kein Thema, das man in den Handelsschulen unserer Universitäten lehrt. Es gibt jedoch ein Regierungs-Finanzierungsgeschäft, und für jene, die das Kassieren sicherstellen können, ist es in der Tat lukrativ.

Wirtschaftsprofessor Stuart Crane berichtet, daß es

zwei Mittel gibt, um Darlehen an Regierungen sicherzustellen. Wenn sich eine Handelsfirma viel Geld leiht, erhalten ihre Kreditgeber eine Stimme im Management, um ihre Investition zu schützen. Wie in einem solchen Geschäft, kann sich keine Regierung große Summen leihen, ohne bereit zu sein, an den Kreditgeber ein gewisses Maß an Regierungsgewalt als Bürgschaft abzutreten. Bestimmte internationale Bankiers, die Hunderte von Milliarden Dollar an Regierungen in der ganzen Welt als Darlehen gegeben haben, verfügen über einen beträchtlichen Einfluß auf die Regierungsmaßnahmen dieser Regierungen.

Der elementarste Vorteil jedoch, den der Kreditgeber gegenüber der Regierung oder dem Monarchen hat, ist der: Weicht die Regierungspartei (oder der Monarch) von der Linie ab, kann der Bankier den politischen Gegner finanzieren. Es ist daher unerläßlich und klug für den Kreditgeber, einen solchen politischen Gegner in Reserve zu haben oder — wenn es keinen gibt — einen solchen zu schaffen.

Überragend in diesem Spiel war das berühmte Haus Rothschild. Sein Begründer, Meyer Amschel Rothschild (1743—1812) aus Frankfurt am Main, behielt einen seiner fünf Söhne zu Hause in Frankfurt, um die dortige Bank zu führen. Seine anderen Söhne sandte er nach London, Paris, Wien und Neapel. Durch die Finanzierung von Regierungen, die sich gegenseitig bekämpften, wurden die Rothschilds während des 19. Jahrhunderts unglaublich reich. Dazu Prof. Stuart Crane:

> »Wenn Sie auf die Kriege des 19. Jahrhunderts in Europa zurückblicken, werden Sie feststellen, daß diese immer in einer Etablierung des Gleichgewichts

der Kräfte geendet haben. Nach jeder Umbildung gab es um das Haus Rothschild in England, Frankreich oder Österreich ausgeglichene Machtverhältnisse in neuer Gruppierung. Sie gruppierten die Nationen so, daß für jeden von der Linie abweichenden König ein Krieg ausbrach, der durch den Weg, den die Finanzierung nahm, entschieden wurde. Das Erforschen des Schuldenstandes der jeweiligen Nation indizierte gewöhnlich den, der zu bestrafen war.«

Bei der Beschreibung der Charaktere der Rothschilds und anderer internationaler Großbankiers teilt uns Prof. Quigley mit, daß sie sich gegenüber normalen Bankiers in mancher Weise unterschieden. Sie waren kosmopolitisch und international, sie waren eng vertraut mit den Regierungen und insbesondere mit den Regierungsschulden befaßt, einschließlich der Schulden ausländischer Regierungen. Diese Bankiers werden »internationale Bankiers« genannt (Quigley, Tragedy and Hope, Seite 52).

Ein Hauptgrund für die historische Verdunklung der Rolle der internationalen Bankiers in der politischen Geschichte ist der, daß die Rothschilds Juden waren. Antisemiten haben den Verschwörern in die Hände gespielt, indem sie versuchten, die gesamte Verschwörung als jüdisch darzustellen. Nichts kann der Wahrheit weiter entfernt sein. Die traditionellen angelsächsischen internationalen Bankinstitute von J. P. Morgan und Rockefeller haben eine Schlüsselrolle in der Verschwörung gespielt, und die Bedeutung der Rohtschilds und ihrer Satelliten läßt sich nicht verleugnen. Dennoch ist es genauso unvernünftig und ungerecht, allen Juden die Schuld an den Verbrechen der

Rothschilds zu geben, wie wenn alle Baptisten für die Verbrechen der Rockefellers verantwortlich gemacht würden.

Die jüdischen Mitglieder der Verschwörer benutzten eine Organisation, die sich »Anti-Diffamierungs-Liga« nannte, als Instrument, mit dem sie jeden davon zu überzeugen versuchten, daß jede negative Erwähnung der Rothschilds und deren Verbündeter ein Angriff auf alle Juden ist. Auf diese Weise haben sie fast alle zuverlässigen Informationen über die internationalen Bankiers erstickt und das Thema an unseren Universitäten zum Tabu werden lassen.

Jedes Individuum oder Buch, das diesen Gegenstand erforscht, wird sofort von Hunderten solcher ADL-Komitees aus dem ganzen Land angegriffen. Die ADL ließ sich niemals durch Wahrheit oder Logik in ihrer hochprofessionellen Verleumdungsarbeit beirren. Die ADL, die dem sogenannten »McCarthysmus«*) unerschütterlich gegenüberstand, beschuldigt Leute ohne ersichtliche Anhaltspunkte, »latente Antisemiten« zu sein. Würde man sie jedoch als »latente Kommunisten« bezeichnen, sie würden lautstark protestieren.

In Wirklichkeit könnte niemand berechtigter auf die Rothschilds erbost sein, als die Juden selbst. Die Warburgs, Teil des Rothschild-Imperiums, halfen Adolf Hitler zu finanzieren. Es waren nur wenige der Rothschilds und

*) Joseph McCarthy war von 1947 bis zu seinem Tod, am 2. 5. 1957, republikanischer Senator für Wisconsin und führte von 1950 bis 1954 einen heftigen Feldzug gegen die Unterwanderung hoher Staatsämter durch kommunistische Agenten. Er war Vorsitzender des Senatsausschusses für ‚unamerikanische Umtriebe' und veranstaltete eine regelrechte Hexenjagd auf politisch andersdenkende Menschen.

Warburgs — wenn überhaupt welche — in den Konzentrationslagern der Nazis. Sie saßen — abseits des Krieges — in feudalen Hotels in Paris oder emigrierten nach den Vereinigten Staaten oder England. Von allen Gruppen haben am meisten die Juden unter der Hand dieser Machtsucher gelitten. Ein Rothschild hat viel mehr gemeinsam mit einem Rockefeller, als mit einem jüdischen Schneider aus Budapest oder der Bronx.

Seitdem Regierungsobligationen den Grundstein internationaler Bankimperien bilden, liegt es in deren Interesse, Regierungsschulden in die Höhe zu treiben. Je höher die Schuld, desto größer der Zins. Nichts treibt eine Regierung tiefer in Schulden als ein Krieg. Unter den internationalen Bankiers war es keine ungewöhnliche Praktik, beide Seiten der blutigsten militärischen Konflikte zu finanzieren. Als Beispiel: Während unseres Bürgerkrieges wurde der Norden durch die Rothschilds über den amerikanischen Agenten August Belmont finanziert, der amerikanische Süden durch die Erlangers, Verwandte der Rothschilds.[2]

Obwohl Kriege und Revolutionen für die internationalen Bankiers sehr nützlich waren, um die Kontrolle über Regierungen zu gewinnen oder zu vergrößern, sind die eigentlichen Schlüssel für eine solche Kontrolle seit jeher die Finanzen. Man kann eine Regierung dann kontrollieren, wenn sie in einer Schuld steht. Ein Kreditgeber ist in der Lage, die Privilegien eines Monopols vom Herrschenden zu fordern. Geldsuchende Regierungen gewähren Monopole im Staatsbankwesen, über Bodenschätze, durch Ölkonzessionen und im Transportwesen. Das bei den internationalen Finanziers am meisten begehrteste Monopol ist die Gesamtkontrolle über das Kapital einer Nation.

Schließlich eigneten sich diese internationalen Bankiers tatsächlich — als private Körperschaften — die zentralen Banken der verschiedenen europäischen Nationen an. Die Bank von England, die Bank von Frankreich und die Bank von Deutschland sind nicht Eigentum der jeweiligen Regierung, wie sich die meisten das vorstellen, sondern sie sind privateigene Monopole, die durch die Staatsoberhäupter verliehen werden. Im Dienst dieses Systems, bemerkte Reginald McKenna, Präsident der Midland-Bank von England: »Diejenigen, die das Geld und den Kredit hervorbringen und verteilen, dirigieren die Maßnahmen der Regierung und halten das Schicksal der Bevölkerung in ihren Händen.«[3] Ein erschreckendes Beispiel wurde von der *London Financial Times* am 26. 9. 1912 angeführt: »Ein halbes Dutzend Männer an der Spitze der fünf großen Banken könnte das gesamte Gebäude der Regierungsfinanzen umstürzen, indem sie von der Erneuerung der kurzfristigen Schatzwechsel absehen.«

All jene, die nach einer diktatorischen Kontrolle über moderne Nationen streben, haben die Notwendigkeit einer zentralen Bank verstanden. Der fünfte Punkt im Eroberungsprogramm von Karl Marx, das »Kommunistisches Manifest« genannt wurde, las sich wie folgt: »Zentralisation des Kredits in den Händen des Staates durch eine Nationalbank mit Staatskapital und ausschließlichem Monopol.«[4] Lenin sagte später, die Gründung einer Zentralbank würde neunzig Prozent bei der Kommunalisierung eines Staates ausmachen. Solche Verschwörer wußten, daß man ohne militärische Gewalt ein Land nicht kontrollieren kann, es sei denn, diese Nation hat eine Zentralbank, durch die man seine Volkswirtschaft kontrollieren kann. Der Anarchist Bakunin äußerte sich sarkastisch über Karl Marx und seine Mitläufer: »Sie haben einen Fuß in der Bank, den anderen in der sozialistischen Bewegung.«[5]

Die internationalen Finanziers setzten einen Strohmann aufsichtsführend in jede europäische Zentralbank. Prof. Quigley berichtet:

> »Man darf nicht glauben, daß die Köpfe der zentralen Hauptbanken der Welt selbst die tatsächlichen Machthaber in der Weltfinanz sind. Vielmehr sind sie nur die Techniker und Agenten der beherrschenden Investment-Bankiers ihrer eigenen Länder, die sie hochgehoben haben und die durchaus in der Lage sind, sie wieder fallen zu lassen. Die tatsächliche finanzielle Macht der Welt ist in den Händen dieser Investment-Bankiers (auch internationale oder Großbankiers genannt), die zum größten Teil hinter den Kulissen ihrer eigenen, nicht zusammengeschlossenen Privatbanken verbleiben. Dies formte ein System der internationalen Kooperation und der nationalen Dominanz, das privater, machtvoller und geheimer war als das ihrer Agenten in den Zentralbanken . . .« (Quigley, Tragedy and Hope, S. 326—327).

Dr. Quigley erwähnt auch, daß die internationalen Bankiers, denen die Banken von England und Frankreich gehören und die sie kontrollieren, ihre Macht selbst dann aufrechterhielten, als diese Banken theoretisch sozialisiert waren.

Selbstverständlich waren jene, die die Zentralbanken in Europa kontrollierten, begierig auf den Beginn der Festigung einer ähnlichen Einrichtung in den Vereinigten Staaten. Von den frühesten Tagen an waren sich unsere Gründungsväter bewußt über die Versuche, Amerika durch Geldmanipulation zu kontrollieren, und sie führten einen ständigen Krieg gegen die internationalen Bankiers. Thomas Jefferson schrieb an John Adams: ». . . ich glaube ehrlich, wie Sie, daß die Bankeinrichtungen um vieles gefährlicher sind als stehende Armeen . . .«[6]

Aber obwohl Amerika keine Zentralbank hatte, nachdem sie von Präsident Jackson im Jahre 1836 abgeschafft worden war, schafften es die europäischen Finanziers und ihre amerikanischen Agenten, einen großen Teil der Kontrolle über unser Währungssystem zu erreichen. Gustavus Myers bekennt in seinem Buch *History of The Great American Fortunes:*

> »Unter der Oberfläche hatten die Rothschilds lange einen mächtigen Einfluß beim Diktieren der amerikanischen Finanzgesetze. Die Gesetzesaufzeichnungen zeigen, daß sie die Machthaber in der alten Bank der Vereinigten Staaten waren [abgeschafft durch Andrew Jackson].«[7]

Während des 19. Jahrhunderts schnitten sich die führenden Finanziers des großstädtischen Ostens oftmals gegenseitig die finanzielle Kehle durch. Aber als ihre ländlichen Opfer im Westen begannen, sich politisch zu organisieren, sahen diese »Raubritter«, daß sie nun eine Interessengemeinschaft darstellten und zusammenarbeiten mußten, um sich selbst vor Tausenden zorniger Farmer und vor unternehmungslustigen Rivalen zu schützen. Diese Zersplitterung wirtschaftlicher Macht war einer der Hauptfaktoren, der die Forderung nach einer Zentralbank bei Möchtegern-Unternehmern und finanziellen Monopolisten stimulierte.

In seinem Buch *Years of Plunder* schreibt Proktor Hansl aus dieser Zeit:

> »Unter den Morgans, Kuhn-Loebs und ähnlichen Stützen der industriellen Bruderschaft, bestand wenig Neigung, sich in Unstimmigkeiten zu verwikkeln, die zu einem finanziellen Durcheinander geführt hätten. Eine Interessengemeinschaft wurde ins Leben gerufen, deren Resultate hochgradig vorteilhaft waren . . .«

Doch, abgesehen von den Hauptzentren des Ostens, mißtrauten die meisten amerikanischen Bankiers und ihre Kunden dieser Idee. Um dem Hinterland zu zeigen, daß ein zentrales Banksystem erforderlich sei, erschufen die internationalen Bankiers eine Serie von Paniken als Demonstration ihrer Macht — gleichzeitig eine Warnung für das, was passieren würde, wenn die restlichen Bankiers nicht auf ihre Linie einschwenken würden. Der Regisseur dieser Denkzettel-Aktion war J. Piermont Morgan, ein gebürtiger Amerikaner, der jedoch in England und Deutsch land ausgebildet wurde. Morgan wird von vielen, einschließlich dem Kongreßmitglied Louis McFadden — einem

*) Federal Reserve: Der Name der zentralisierten U.S.-Bank. Entspricht der Deutschen Bundesbank. Die Federal Reserve setzt die Zins- und Diskontsätze fest, und bestimmt, wieviel Geld im Umlauf ist. Alle anderen Banken haben sich nach ihr zu richten.

Bankier, der zehn Jahre lang das *Haus Banking and Currency Comitee* führte — als der Spitzenagent der englischen Rothschilds in Amerika angesehen.

Schon um die Jahrhundertwende war J. P. Morgan erfahren in der Erzeugung künstlicher Paniken. Solche Affären waren gut aufeinander abgestimmt. Senator Robert Owen, Miturheber des *Federal Reserve Act** (der später seine Rolle zutiefst bedauerte), bezeugte vor einem Kongreß-Komitee, daß die Bank, die ihm gehörte, von der Nationalen Bankiers-Vereinigung das unter dem Namen »Panikrundschreiben von 1893« bekanntgewordene Rundschreiben erhielt, in dem bestimmt wurde: »Sie werden sofort ein Drittel ihres Geldumlaufes aus dem Verkehr ziehen und die Hälfte ihrer Darlehen kündigen . . .«[9]

Der Historiker Frederick Lewis Allan berichtete am 25. 4. 1949 im LIFE-Magazin von der Rolle Morgans bei der Verbreitung der Gerüchte über die Zahlungsunfähigkeit der Knickerbocker-Bank und der Trust Company von Amerika, mit denen die Panik von 1907 ausgelöst wurde. Auf die Frage, ob Morgan die Panik beschleunigt habe, erwiderte Allan:

> »Oakleigh Thorne, der Präsident eben dieser Trust Company, bezeugte später vor einem Kongreß-Komitee, daß seine Bank nur maßvollen Abhebungen unterworfen war . . ., daß er keine Hilfe beantragt hatte und daß nur diese [Morgans] Behauptung alleine den Ansturm auf seine Bank verursacht hätte. Durch diese Zeugenaussage, sowie die Disziplinarmaßnahmen des Clearing House gegen die Heinze-, Morse- und Thomasbanken und andere,

mutmaßlich in Zusammenhang stehende Erscheinungen, kamen viele scharfsinnige Chronisten zu dem treffenden Schluß, daß die Morgansche Interessengemeinschaft die unsichere Lage im Herbst 1907 ausnutzte, um die Panik zu beschleunigen und ihr Fortschreiten geschickt zu lenken, so daß sie rivalisierende Banken vernichten und den Vorrang der Banken innerhalb des Morganschen Wirkungsbereiches konsolidieren würde.«

Die »Panik«, die Morgan kreiert hatte, führte er fast alleine zu Ende. Er konnte einen Punkt für sich buchen. Frederick Allan erklärt:

> »Die Lehre aus der Panik von 1907 war klar. Wenn sie auch für weitere sechs Jahre noch nicht dazu ausersehen war, in der Gesetzgebung verankert zu sein: Die Vereinigten Staaten brauchten ernsthaft ein zentrales Banksystem . . .«

Der Mann, der die bedeutendste Rolle dabei spielen sollte, Amerika mit dieser Zentralbank zu versehen, war Paul Warburg, der zusammen mit seinem Bruder Felix im Jahre 1902 von Deutschland in die Vereinigten Staaten einwanderte (siehe Karte 4). Sie ließen ihren Bruder Max (später ein Hauptfinanzier der russischen Revolution) zu Hause in Frankfurt, um die Familienbank weiter zu betreiben (M. N. Warburg & Co.).

Paul Warburg heiratete Nina Loeb, Tochter von Solomon Loeb von Kuhn-Loeb & Co., Amerikas machtvollstem internationalen Bankunternehmen. Bruder Felix heiratete Frieda Schiff, Tochter des Jakob Schiff, der leitenden Macht hinter Kuhn-Loeb. Stephen Birmingham schreibt in

Karte 4

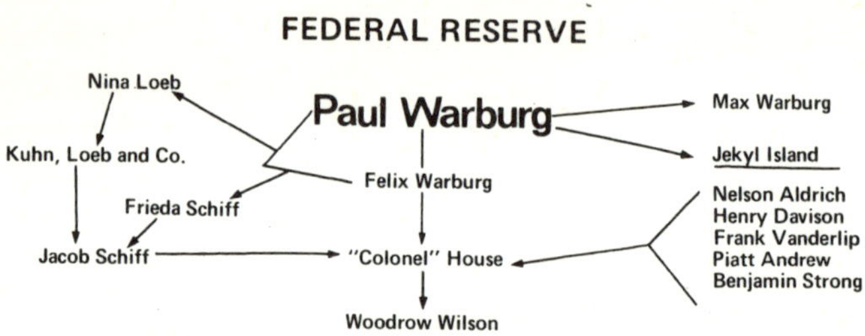

seinem kompetenten *Our Crowd:* »Im 18. Jahrhundert teilten sich die Schiffs und Rothschilds eine Doppelfirma in Frankfurt.« Wie berichtet wurde, kaufte sich Schiff seine Partnerschaft bei Kuhn-Loeb mit Geld der Rothschilds. Beide, Paul und Felix Warburg, wurden Partner bei Kuhn-Loeb & Kompanie.

Im Jahre 1907, dem der von Morgan inszenierten Panik, begann Paul Warburg fast seine ganze Zeit dem Schreiben und Vortragen über die Notwendigkeit der ‚Bankreform' zu widmen. Das Wohl der Öffentlichkeit lag der Kuhn-Loeb & Co. so sehr am Herzen, daß sie ihm für die nächsten sechs Jahre ein Jahreseinkommen von 500 000 Dollar zahlte — man würdigte so seine »gemeinnützigen« Bemühungen.

Warburg wurde bei der Förderung dieser »Bankreform« von Nelson Aldrich unterstützt, bekannt als Morgans Steigbügelhalter im Senat. Aldrichs Tochter Abby heiratete John D. Rockefeller jr. (der gegenwärtige Gouverneur von New York ist nach seinem Großvater mütterlicherseits benannt).

Nach der Panik von 1907 wurde Aldrich vom Senat zum Leiter der nationalen Währungskommission ernannt. Obwohl er keinerlei technische Kenntnisse vom Bankwesen hatte, verbrachten Aldrich und sein Gefolge annähernd zwei Jahre auf einer Rundreise, um das zentrale Bankwesen zu »studieren«, wobei sie 300 000 Dollar von den Geldern der Steuerzahler für Essen und Trinken mit den Eigentümern der europäischen Zentralbanken ausgaben. Als die Kommission von ihrer luxuriösen Exkursion zurückkam, hielt sie beinahe zwei Jahre lang weder eine berichtende Versammlung ab noch gab sie anderweitig Kenntnis von ihrer »Studienreise«. Senator Aldrich jedoch war damit beschäftigt, Dinge zu »arrangieren«. Zusammen mit Paul Warburg und anderen internationalen Bankiers inszenierte er eines der bedeutendsten Geheimtreffen in der Geschichte der Vereinigten Staaten. Der Rockefeller-Agent Frank Vanderlip gestand viele Jahre später in seinen Memoiren:

> »Ungeachtet meiner Auffassung über den gesellschaftlichen Nutzen eines größeren öffentlichen Interesses für die Affären von Körperschaften, gab es kurz vor Ende des Jahres 1910 ein Vorkommnis, bei dem ich so verschwiegen — in der Tat so verstohlen — wie ein Verschwörer war . . . Ich glaube nicht, daß es eine Übertreibung ist, wenn ich sage, daß unsere geheime Expedition nach der Jekyl-Insel der eigentliche Beginn dessen war, was schließlich zum *Federal Reserve System* wurde.«[10]

Die Geheimhaltung war durchaus begründet. Stand doch die Kontrolle über die gesamte Wirtschaft auf dem Spiel. Senator Aldrich sandte vertrauliche Einladungen an

Henry P. Davison von der J. P. Morgan & Co., an Frank A. Vanderlip, Präsident der National City Bank, Eigentum Rockefellers; an A. Piatt Andrew, Assistenzsekretär des Schatzamtes; an Benjamin Strong von der Morgans Bankers Trust Company und an Paul Warburg. Sie alle sollten ihn nach der Jekyl-Insel in Georgia begleiten, um die Schlußempfehlungen des Berichtes der nationalen Währungskommission niederzuschreiben.

B. C. Forbes schreibt in seinem Buch *Men Who Are Making America:*

> »Nach einer allgemeinen Diskussion wurde beschlossen, bestimmte umfassende Prinzipien aufzustellen, mit denen alle übereinstimmen konnten. Jedes Mitglied der Gruppe stimmte für die Einrichtung der Zentralbank als dem idealen Eckpfeiler für jedes Banksystem.« (S. 399)

Warburg betonte, daß der Name »Zentralbank« unter allen Umständen vermieden werden muß. Es wurde beschlossen, das Projekt als *Regional Reserve System* (Regionales Rücklagen-System) mit vier (später zwölf) Abteilungen in verschiedenen Distrikten des Landes einzubringen. Die Insider wußten, daß die Bank von New York die übrigen beherrschen würde, die als Repräsentanten gegenüber der Öffentlichkeit dienen sollten.

Nach dem Treffen auf der Jekyl-Insel folgte die Vervollständigung des Berichtes der Währungskommission und der Aldrich-Gesetzesvorlage. Warburg schlug vor, die Gesetzesvorlage als *Federal Reserve System* (Bundesstaatliches Rücklagensystem) zu bezeichnen. Aber Aldrich beharrte darauf, daß sein Name in Verbindung mit der

Bankreform bereits im Gedächtnis der Leute verankert war. Er begründete dies unter anderem damit, daß es Verdacht erwecken würde, wenn man eine Gesetzesvorlage einbrächte, die nicht seinen Namen trüge. Der Name Aldrich erwies sich jedoch zum Scheiterungsgrund für die Gesetzesvorlage, da jedes Gesetz, das unter diesem Namen erschien, so offensichtlich ein Projekt der internationalen Bankiers war.

Als die Aldrich-Gesetzesvorlage nicht durch den Kongreß gebracht werden konnte, mußte eine neue Strategie ersonnen werden. Die Partei der Republikaner war zu eng mit der *Wall Street**) verbunden. Die einzige Hoffnung auf die Realisierung der Zentralbank bestand darin, das Vorhaben zu tarnen und über die Demokraten durchzubringen, als Maßnahme zur Entmachtung der Wall Street.

Die Gelegenheit dazu kam mit dem Herannahen der Präsidentschaftswahl von 1912. Der republikanische Präsident William Howard Taft, der sich gegen die Aldrich-Gesetzesvorlage gewandt hatte, schien einer Wiederwahl sicher zu sein, bis Tafts Vorgänger, der Republikaner Teddy Roosevelt, einwilligte, auf der Liste der progressiven Partei zu kandidieren. In seinem Buch, *Americas 60 Families* (Amerikas 60 Familien), bestätigt Ferdinand Lundberg:

> »Sobald Roosevelt bekanntgab, daß er Taft wieder herausfordern würde, war die Niederlage des Präsidenten unvermeidlich. Während der ganzen Zeit des Dreieckskampfes (Taft-Roosevelt-Wilson) hatte Roosevelt Morgans Agenten Frank Munsey und George Perkins auf den Fersen, die ihn mit Geld

*) Wall Street: Straße in New York, Sitz der New Yorker Börse und zahlreicher Banken, auch Bezeichnung für die Finanzzentrale der USA.

versorgten, seine Reden durchgingen, Leute von der Wall Street zur Hilfe aufbrachten und überhaupt die ganze Last der Kampagne gegen Taft trugen ...

Perkins und J. P. Morgan & Co. waren die Substanz der progressiven Partei, alles andere war Garnitur ...

Kurz gesagt, das meiste der Wahlkampfgelder Roosevelts wurde von den beiden Morgan-,Kriegern' beschafft, die nach Tafts Skalp trachteten.« (Seite 110—112)

Der Kandidat der Demokraten, Woodrow Wilson, war gleichermaßen »Besitz« von Morgan. Dr. Gabriel Kolko berichtet in seinem Buch *Triumph of Konservatism:* »Im Spätjahr 1907 unterstützte er [Wilson] die Vorlage von Aldrich zum Bankgesetz und war voller Anerkennung über Morgans Rolle in der amerikanischen Gesellschaft.« (Seite 205) Lundberg berichtet dazu: »Vor seiner Nominierung bewegte sich Woodrow Wilson fast zwanzig Jahre lang im Schatten der Wall Street.« (Seite 112)

Woodrow Wilson und Roosevelt überboten sich gegenseitig in blumigen und heuchlerischen Denunziationen gegen den »Wall-Street-Money-Trust«, dieselbe Gruppe von Insidern, die die Wahlkampagne beider finanzierte.

Dr. Kolko berichtet weiter, daß mit Beginn des Jahres 1912 die Bankreform »eine tote Angelegenheit zu sein schien ... Die Bewegung der Bankreform hatte sich hübsch selbst isoliert.« Wilson erweckte die Angelegenheit zu neuem Leben und versprach dem Land ein Geldsystem, frei von der Herrschaft der internationalen Bankiers der

Wall Street. Überdies besagte die demokratische Grundsatzerklärung ausdrücklich: »Wir sind gegen den Aldrich-Plan einer Zentralbank.« Aber die großen Bosse wußten, wen sie gekauft hatten. Unter den internationalen Bankiers, die die Kampagne Wilsons tatkräftig unterstützt hatten, finden wir neben den schon genannten noch die Namen von Jakob Schiff, Bernard Baruch, Henry Morgenthau, Thomas Fortune Ryan und den von Adolph Ochs, Herausgeber der New York Times.

Der Motor der Insider, der Wilson kontrollierte und das Programm durch den Kongreß schleuste, war der mysteriöse »Colonel« Edward Mandel House, der britischgebildete Sohn eines Repräsentanten englischer Finanzinteressen im amerikanischen Süden. Den Titel »Colonel« trug House ehrenamtlich, er hatte niemals beim Militär gedient. Er war ein rigoroser Drahtzieher hinter den Kulissen und wird von vielen Historikern als der wahre Präsident der Vereinigten Staaten während der Amtszeit Wilsons bezeichnet. House verfaßte ein Buch mit dem Titel *Philip Dru, Administrator,* in dem er über die Bildung des »Sozialismus, wie er von Karl Marx erträumt wurde«, schrieb. Als Schritte auf dem Weg zu seinem Ziel fordert House in seinem Buch die Verabschiedung einer progressiven Einkommensteuer und eine zentrale Bank, die eine flexible [aufblasbare Papier] Währung bereitstellt. Die progressive Einkommensteuer und die Zentralbank sind zwei der zehn Programmpunkte im Kommunistischen Manifest.

In *The Intimate Papers of Colonel House* verweist Professor Charles Seymour auf den Colonel als den »unsichtbaren Schutzengel« des Federal Reserve Act. Seymours Buch enthält zahlreiche Dokumente und Aufzeichnungen, die den ständigen Kontakt zwischen House und Paul Warburg aufzeigen, während das Federal-Reserve-Gesetz vorbereitet und durch den Kongreß geschleust wurde. Der Biograph George Viereck versichert uns, daß die »Schiffs, die Warburgs, die Kahns, die Rockefellers und die Morgans ihr Vertrauen in House setzten . . .«[11] Ihr Vertrauen wurde reichlich belohnt.

Um die Fiktion zu stützen, der Federal Reserve Act sei ein »Gesetz des Volkes«, stellten die Insider-Bankiers eine Verneblungsopposition auf. Diese Taktik erinnert an die Fabel, in der der Hase bittet, nicht im Kleeacker ausgesetzt zu werden. Beide, Aldrich und Vanderlip, kritisierten heftig, was in Wirklichkeit ihre eigene Gesetzesvorlage war. Nahezu zwanzig Jahre später gestand Vanderlip: »Nun, obwohl der Federal-Reserve-Plan unterlag, als er den Namen Aldrichs trug, waren dennoch alle wesentlichen Punkte auch in dem Plan enthalten, der schließlich angenommen wurde.«[12]

Mit dem Nutzen, daß sich der Kongreß wegen Weihnachten zu vertagen wünschte, passierte der Federal Reserve Act am 22. 12. des Jahres 1913 mit 298 zu 60 Stimmen das Abgeordnetenhaus und mit 43 zu 25 Stimmen den Senat. Wilson hatte sein Versprechen erfüllt, das er den Insidern gegeben hatte, um Präsident zu werden. Warburg sagte zu House: »Nun gut, es brachte nicht alles so, wie wir es wollten, doch Mängel können später durch administrative Prozesse ausgeglichen werden.«

Es gab zwar eine echte Opposition gegen dieses Gesetz, aber sie konnte nicht gegen die Macht seiner Verfechter und Befürworter ankommen. Der Konservative Henry Cabot Lodge sen. verkündete mit großer Voraussicht: »So wie die Gesetzesvorlage dasteht, scheint sie mir den Weg zu einer gewaltigen Inflation der Zahlungsmittel zu öffnen . . . ich möchte nicht daran denken, daß irgendein Gesetz durchgebracht werden kann, das es ermöglicht, die Goldwährung in einer Flut von nicht einlösbarer Papierwährung zu ertränken.« (Kongreßaufzeichnung vom 10. Juni 1932)

Nach der Abstimmung sagte Charles A. Lindberg sen., der Vater des berühmten Fliegers, vor dem Kongreß:

> »Dieses Gesetz etabliert den gigantischsten Trust auf Erden . . . Wenn der Präsident dieses Schriftstück unterzeichnet, wird die unsichtbare Regierung der Geldmacht — nachweisbar existierend durch die Geld - Trust - Untersuchung — legalisiert sein . . . Dies ist die verkleidete Aldrich-Gesetzesvorlage . . . Das neue Gesetz wird Inflation erzeugen, wann immer der Trust die Inflation wünscht . . .»[13]

Der Federal Reserve Act wurde — und wird noch immer — als Sieg der Demokratie über den Geld-Trust gepriesen. Nichts kann von der Wahrheit weiter entfernt sein.

Das gesamte Zentralbank-Konzept wurde gerade von der Gruppe eingefädelt, die ihrer Macht beraubt zu werden schien. Der Mythos, der Geld-Trust sei seines Gewandes entkleidet, hätte eigentlich platzen müssen, als Paul Warburg in den ersten Federal-Reserve-Ausschuß berufen wurde — ein Ausschuß, dessen Besetzung von Colonel House ausgesucht wurde. Warburg verzichtete auf sein

500 000-Dollar-Jahresgehalt, um sich mit einem 12 000-Dollar-Jahresgehalt der Federal Reserve zufriedenzugeben. Die Verfechter der »Zufallstheorie der Geschichte«, die an unseren Universitäten unterrichten, wollen glauben machen, er hätte dies aus einer »sozialen bürgerlichen Gesinnung« heraus getan.

Weiterhin war der Mann, der während der ersten kritischen Jahre der Vorsitzende der New Yorker Federal Reserve Bank war, derselbe Benjamin Strong von der Morgan-Interessengemeinschaft, der Warburg, Davison, Vanderlip und die anderen Verfechter der »neuen Linie« nach der Jekyl-Insel in Georgia begleitete, um die Aldrich-Gesetzesvorlage zu entwerfen.

Wie mächtig ist nun die »Zentralbank«? Die Federal Reserve kontrolliert unsere Geldversorgung und die Zinssätze, wobei sie die gesamte Wirtschaft manipuliert. Sie erzeugt Inflation oder Deflation, Rezession oder Boom, sie treibt die Börse nach eigenem Ermessen hinauf oder hinab. Die Federal Reserve ist so machtvoll, daß Kongreßmitglied Wright Patman, Vorsitzender des House Banking Commitee, behauptet:

> »In den Vereinigten Staaten gibt es heute in Wirklichkeit zwei Regierungen . . . Wir haben die ordnungsgemäß konstitutionierte Regierung . . . Dann haben wir eine unabhängige, unkontrollierte, nicht koordinierte Regierung im Federal Reserve System, welche die Finanzkraft handhabt, die durch die Konstitution für den Kongreß reserviert ist.«[14]

Weder Präsidenten, Kongreßmitglieder noch Finanzsekretäre haben Befugnisse bezüglich der Federal Reserve!

Im Gegenteil, in Geldangelegenheiten empfangen sie Order von ihr! Die unkontrollierte Macht dieser Institution wurde von Finanzsekretär David M. Kennedy in einem Interview des *U. S. News & World Report* vom 5. Mai 1969 zugegeben:

»Frage: ‚Können Sie die jüngsten Kredit-Straffungs-Bewegungen gutheißen?'

Antwort: ‚Es ist nicht meine Aufgabe, das zu billigen oder nicht. Das ist Angelegenheit der Federal Reserve.«

Und — seltsam genug — das Federal Reserve System wurde niemals überprüft und hat sich standhaft allen diesbezüglichen Versuchen durch den Vorsitzenden des *House Banking Commitee*, Wright, widersetzt (New York Times, 14. Sept. 1967).

Wie erfolgreich ist die Arbeit der Federal Reserve bisher gewesen? Das kommt auf den Standpunkt des Betrachters an. Seit Woodrow Wilson seinen Amtseid geleistet hat, stieg die nationale Verschuldung von 1 Milliarde auf 455 Milliarden Dollar. Der Gesamtbetrag an Zinsen, der seither an die internationalen Bankiers — als den Gläubigern — gezahlt wurde, ist phantastisch. Diese Zinsen wurden zum drittgrößten Posten im Staatshaushalt. Die Zinsen der nationalen Verschuldung betragen nun jedes Jahr 22 Milliarden Dollar, und sie klettern steil nach oben, da die Inflation die Zinssätze der staatlichen Obligationen hochtreibt. Inzwischen ist all unser Gold an europäische Zentralbanken verpfändet, und unser ganzes Silber wurde verkauft. Was die bevorstehende wirtschaftliche Katastrophe betrifft, so kann nur ein Verkenner der geschicht-

Abb. 1 Pr. Carroll Quigley von den Harvard-, Princeton- und Georgetown-Universitäten schrieb ein Buch, das den Plan der internationalen Bankiers enthält, die Welt hinter den politischen und finanziellen Szenerien zu kontrollieren. Quigley offenbarte den Plan von Millardären, eine Diktatur der Superreichen zu etablieren, verkleidet als Demokratien der Arbeiter.

Abb. 2 J. P. Morgan erschuf eine künstliche Panik, die er als Vorwand zur Durchbringung des Federal Reserve Act benutzte. Morgan diente als Werkzeug, die Vereinigten Staaten in den Ersten Weltkrieg zu treiben, um seine Darlehen an die britische Regierung zu sichern. Er finanzierte sozialistische Gruppen, um eine allmächtige zentralistische Regierung zu schaffen, welche an der Spitze von den internationalen Bankiers hinter den Kulissen kontrolliert würde. Nach seinem Tode halfen seine Partner, die bolschewistische Revolution in Rußland zu finanzieren.

lichen Realität glauben, daß dies alles nur durch Zufall geschah.

Als das Federal Reserve System der nichtsahnenden amerikanischen Bevölkerung heimlich untergeschoben wurde, gab es Garantien, daß es keine Zyklen von Konjunktur und Krise mehr gebe. Die Männer, die hinter den Kulissen das Konzept der Zentralbank für die internationalen Bankiers durchsetzten, versprachen glaubhaft, daß es von nun an nur noch ein ständiges Wachstum und fortschreitenden Wohlstand geben sollte. Charles A. Lindberg sen., Kongreßmitglied, verkündete jedoch akkurat: »Von nun an werden Krisen systematisch erzeugt.«[15]

Die Methode, unter Verwendung einer Zentralbank abwechselnd In- und Deflation zu produzieren und so die Gewinne der Bevölkerung zu zerstückeln, ist von den internationalen Bankiers zu einer exakten Wissenschaft ausgearbeitet.

Nachdem die internationalen Bankiers die Federal Reserve als Instrument zur Konsolidierung und Kontrolle des Reichstums erschaffen hatten, waren sie nun bereit, zu einem vernichtenden Schlag auszuholen. Zwischen 1923 und 1929 expandierte — oder inflationierte — die Federal Reserve die Geldversorgung um 62 Prozent. Das meiste dieses neuen Geldes wurde dazu gebraucht, die Börsenkurse zu schwindelerregenden Höhen hinaufzureizen.[16]

Zur selben Zeit, als diese enormen Mengen von Kreditgeldern erhältlich gemacht wurden, begannen die Massenmedien damit, marktschreierische Geschichten vom schnellen Reichtum an der Börse zu verbreiten. Gemäß Ferdinand Lundberg:

»Um Profit aus diesen Fonds zu schlagen, mußte die Allgemeinheit zum Spekulieren verleitet werden. Das geschah durch verführerische Zeitungsberichte, viele davon gekauft und bezahlt von den Maklern, die das Börsenspiel in Gang hielten . . .«[17]

Die Abgeordneten-Hearings über die Stabilisierung der Kaufkraft des Dollars enthüllten 1928 Beweismaterial, daß der Federal-Reserve-Ausschuß eng mit den führenden Männern der europäischen Zentralbanken zusammenarbeitete. Das Komitee wies warnend daraufhin, daß im Jahre 1927 ein großer Zusammenbruch geplant war. Bei einem geheimen Essen des Federal-Reserve-Ausschusses mit den Führern der europäischen Zentralbanken — so das Komitee — beschlossen die internationalen Bankiers, die Schlinge enger zu ziehen.

Montagu Norman, der Gouverneur der Bank von England, kam am 6. Februar 1929 nach Washington, um mit dem Finanzsekretär Andrew Mellon zu konferieren. Am 11. November 1927 beschrieb das Wall-Street-Journal Mr. Norman als »den gegenwärtigen Diktator von Europa«. Professor Carroll Quigley bemerkte, daß Norman, ein enger Vertrauter von J. P. Morgan, zugab: »Ich genieße eine Vormachtstellung in der Welt.« Sofort nach diesem mysteriösen Besuch drehte der Federal-Reserve-Ausschuß seine Politik des »leichten Geldes« um und begann, den Diskontsatz zu erhöhen. Der Ballon, der seit fast sieben Jahren ständig aufgeblasen wurde, war nun nahe daran, zu platzen.

Am 24. Oktober geschah es. William Bryan schrieb in seinem Buch *The United States Unresolved Monetary and*

Political Problems (Die ungelösten politischen und finanziellen Probleme der Vereinigten Staaten):

»Als alles fertig war, begannen die New Yorker Finanziers, von den Maklern die 24-Stunden-Abrufdarlehen zurückzufordern. Das bedeutete, daß die Börsenmakler und deren Kunden ihre Aktien in die Börse werfen mußten, um so ihre Darlehen einlösen zu können. Das führte natürlich zu einem Börsensturz und brachte den Zusammenbruch der Banken im ganzen Land. Die Bankiers, die nicht zur Oligarchie gehörten, waren zu dieser Zeit sehr stark in die Abrufforderungen der Makler verwikkelt. Damit waren die Zahlungsmittel der Banken sehr schnell erschöpft, so daß sie schließen mußten. Das Federal Reserve System kam ihnen bewußt nicht zur Hilfe, obwohl es, angewiesen durch das Gesetz, verpflichtet war, eine elastische Währung aufrecht zu erhalten.«[18]

Der Teil der Bevölkerung, der investiert hatte, erhielt ebenso wie die meisten Börsenmakler und Bankiers den entscheidenden Schlag. Nicht so die Insider. Sie waren entweder frei von Börseninvestitionen oder verkauften ihre Anteile kurzfristig, wobei sie einen enormen Profit machten als die Aktienkurse senkrecht abstürzten. Die Cleveren unter ihnen erkannten in einem Kommentar von Paul Warburg den Wink, zu verkaufen. Dieses Zeichen kam am 9. März 1929, als die *Financial Chronical* Warburg zitierte, die von ihm jenen klugen Rat erhielt:

»Wenn Ausschweifungen von unbegrenzter Spekulation erlaubt wird, sich zu weit zu entfalten . . .

ist der schließliche Zusammenbruch sicher . . . um eine allgemeine Krise herbeizuführen, in die das ganze Land verwickelt wird.«

Kennern der Materie war es später möglich, diese Aktien mit einem Diskont von 90% auf ihren vorherigen Wert zurückzukaufen. Zu glauben, daß der wissenschaftlich konstruierte Zusammenbruch von 1929 ein Unglücksfall oder das Resultat von Dummheit war, spottet jeder Logik. Die internationalen Bankiers, die die inflationären Maßnahmen förderten und jene Propaganda betrieben, die die Börse aufpumpte, repräsentierten zu viele Generationen angehäufter Sachkenntnis, als daß sie zufällig in »die große Krise« hineingestolpert wären.

Kongreßmitglied Louis McFadden, Vorsitzender des House Banking und des Währungskomitees, erklärte:

> »Sie [die Krise] war nicht zufällig. Sie war ein sorgfältig ausgeklügeltes Ereignis . . . Die internationalen Bankiers trachteten danach, einen Zustand der Verzweiflung herbeizuführen, damit sie sich als Gebieter über uns alle emporheben könnten.«[19]

Obwohl wir nach 1929 keine Krise von diesem Ausmaß mehr hatten, haben wir seither regelmäßig unter Rezessionen gelitten. Jeder dieser Rezessionen folgte eine Periode, in der die Federal Reserve hart auf das Gaspedal trat und dann auf die Bremse stieg. Seit 1929 wurden durch diese Art von Manipulation folgende Rezessionen herbeigeführt:

1936—37: Aktienkurse fielen um 50%.
1948 : Aktienkurse sanken um 16%.
1953 : Aktienkurse sanken um 13%.

1956—57: Die Börse meldet 13% Rückgang.
1957 : Ende des Jahres Kurssturz um 19%.
1960 : Am Aktienmarkt 17% weniger.
1966 : Aktienkurse stürzen um 25%.
1970 : Die Kurse fallen um mehr als 25%.

Karte 5 basiert auf einer Veröffentlichung der hochgeachteten finanziellen Publikation *Indicator Digest* vom 24. Juni 1969. Sie zeigt die Wirkungen der Federal-Reserve-Maßnahmen, der Expansion bzw. Restriktion der Geldversorgung, auf die Durchschnittskurse von Industrieaktien. Sie verdeutlicht die Art, wie die Börse manipuliert wird, und wie Krisen oder Rezessionen wissenschaftlich erzeugt werden. Wer vertrauliche Informationen besitzt, welche Richtung die Finanzpolitik der Federal Reserve gerade einschlägt, kann zu unverhofftem Reichtum gelangen.

Die Mitglieder des Federal-Reserve-Ausschusses werden vom Präsidenten für einen Zeitraum von vierzehn Jahren ernannt. Seitdem von diesen Positionen aus die gesamte Wirtschaft des Landes kontrolliert wird, sind sie viel bedeutender als Kabinettsposten. Wer aber hört einmal etwas von den Leuten, die diese Positionen bekleiden? Eine Ausnahme stellt vielleicht Arthur Burns dar, der Vorsitzende. Die Ernennungen, die umfassend im Senat debattiert werden sollten, werden routinemäßig gebilligt. Doch hier wie in Europa sind diese Männer nur Strohmänner — nach Geheiß der internationalen Bankiers auf ihre Posten gesetzt. So haben diese allmächtigen Bankiers ja auch immerhin die Kampagnen zur Präsidentschaftswahl beider politischen Parteien finanziert.

Karte 5

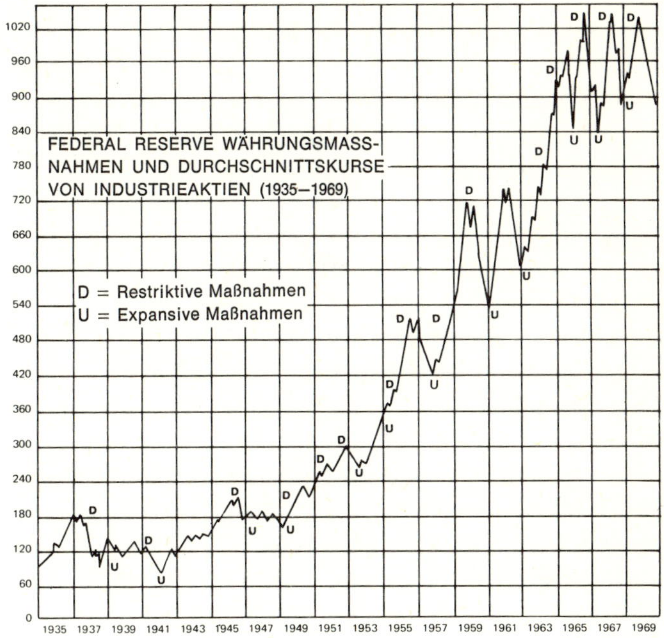

Das Endresultat — wenn es nach dem Willen der Insider geht — all dieser Macht- und Finanzmanipulationen wird der Traum von Montagu Norman von der Bank von England sein, »daß die Hegemonie der Weltfinanz überall und über jeden regieren sollte, als ein vollkommener, übernationaler Kontrollmechanismus«.[20]

4. KAPITEL

DAS MÄRCHEN VON DER UNTERDRÜCKTEN MASSE

Die Gründung des Federal Reserve Systems versah die Verschwörung mit einem Instrument, womit die internationalen Bankiers die Staatsschulden bis ins Uferlose ansteigen lassen konnten. Dabei gewannen sie riesige Zinsbeträge und die Kontrolle über die Schuldner. Allein während der Amtsführung von Wilson expandierte die nationale Verschuldung um 800% (!).

Zwei Monate vor der Ratifizierung des Federal Reserve Act schufen die Insider den Mechanismus, der die Geldmittel zur Bezahlung der Schuldzinsen des Staates sicherstellen sollte. Es handelte sich um die progressive Einkommensteuer, die auch den zweiten Grundsatz im »Kommunistischen Manifest« von Karl Marx darstellt, welches ja zehn Grundsätze zur Sozialisierung eines Landes enthält.

Man nimmt gewöhnlich an, daß die graduelle Einkommensteuer von den Vermögenden abgelehnt und bekämpft wird. Tatsache ist, daß sie von vielen der reichsten Amerikaner befürwortet wurde. Einige taten dies ohne Zweifel aus Uneigennützigkeit und weil diese Steuer anfangs sehr niedrig war. Andere jedoch begünstigten dieses Schema, weil sie sich schon einen Plan für das Umgehen von beidem gefaßt hatten, der Einkommensteuer und der später folgenden Erbschaftsteuer.

Folgendes lag all dem zugrunde: Um die Jahrhundertwende errangen die Populisten, eine Gruppe ländlicher

Sozialisten, eine gewisse Bedeutung und forderten die Macht der New Yorker Bankiers und monopolistischen Industriellen heraus. Die Populisten stellten eine Menge berechtigter Fragen, wenn sie selbst auch keine vernünftigen Lösungen brachten. Unglücklicherweise huldigten sie dem Glauben, daß das die Regierung kontrollierende Bankiersmonopol, das sie bekämpften, ein Produkt des freien Unternehmertums wäre.

Weil die Drohung der Populisten gegen die Kartellisten von links kam (es gibt keine politische Organisation für das »Laissez faire«), unternahmen die Insider Schritte, um die Linke auszuschalten. Professor Quigley enthüllt, daß die Firma Morgan vor über fünfzig Jahren entschied, die politische Linke in den Vereinigten Staaten zu infiltrieren. Dieses Unternehmen konnte nicht schwierig sein, da die linken Gruppen dringend Geldmittel und Hilfe benötigten, um ihre Botschaft zu publizieren. Wall Street lieferte beides. An der Entscheidung der Firma Morgan war nichts ungewöhnlich, sagte Quigley, da schon andere Bankiers davon gesprochen und früher sogar selbst einen diesbezüglichen Versuch unternommen hätten. Er fährt fort:

> »Was damals die Sache so außerordentlich bedeutend machte, war die Übernahme dieser Adoption durch die beherrschenden Wall-Street-Finanziers zu einer Zeit, in der die Steuerpolitik alle Finanziers dazu trieb, nach einer steuerfreien Zuflucht für ihr Vermögen zu suchen . . .« (S. 938)

Radikale Bewegungen sind niemals erfolgreich, es sei denn, sie locken das große Geld oder die Unterstützung von außerhalb an. Der große Historiker des zwanzigsten

Jahrhunderts, Oswald Spengler, war einer von denen, die das sahen, was Amerikas Liberale sich weigern zu sehen — daß die Linke von ihren erklärten Feinden kontrolliert wird, den Verbrechern des großen Geldes. Er schrieb in seinem monumentalen Werk *Der Untergang des Abendlandes* (Becksche Verlagsbuchhandlung München, Bd. II, S. 499):

> »Es gibt keine proletarische, nicht einmal eine kommunistische Bewegung, die nicht im Interesse des Geldes wirkte, in welcher das Geld es will, und so lange es will — auch wenn es den Idealisten unter den Führern jener Bewegungen nicht zum Bewußtsein kommt.«

Während die populistische Bewegung grundsätzlich nicht verschwörerisch war, waren Ideologie und Parteiprogramm geeignet, den Interessen der Insider zu dienen, da ihr Ziel die Konzentrierung der Macht in der Regierung war. Die Insider wußten, daß sie diese Macht kontrollieren und sich ihrer für eigene Zwecke bedienen konnten. Sie waren natürlich nicht daran interessiert, den Konkurrenzkampf zu unterstützen, sondern ihn einzuschränken. Professor Gabriel Kolko hat ein Buch geschrieben, in dem er weitausholend beweist, daß die mächtigen Manipulatoren vereint die sogenannte »progressive Gesetzgebung« der Roosevelt- und Wilson-Ära sehr unterstützten — eine Gesetzgebung, die angeblich beabsichtigte, einen Mißbrauch abzustellen, die jedoch so abgefaßt war, daß sie mit den Interessen derer übereinstimmte, die diesen Mißbrauch betrieb. In seinem Buch *The Triumph of Konservatism* (Der Triumph des Konservatismus, womit Kolko fälschlich die

Großindustrie meinte) heißt es:

»... der bedeutungsvolle Grund, warum viele Geschäftsleute die verstärkte staatliche Einmischung in ihre Geschäfte begrüßen und dafür arbeiten, wurde von Historikern und Volkswirtschaftlern tatsächlich ignoriert. Dieses Übersehen ist auf die Illusion zurückzuführen, daß Amerikas Industrie in einem solchen Maße zentralisiert und monopolisiert sei, so daß sie ihre Aktivität in verschiedenen Branchen willkürlich rationalisieren könne [Regulierung der Produktion und der Preise]. Gerade das Gegenteil ist wahr. Abgesehen von der großen Zahl von Fusionen und der Entwicklung zu absoluter Größe in vielen Gesellschaften, war die beherrschende Tendenz in der amerikanischen Wirtschaft zu Beginn dieses Jahrhunderts der wachsende Wettbewerb. Wettbewerb war jedoch für viele Schlüsselfirmen und Interessengruppen finanzieller Prägung nicht akzeptabel ...«[1]

Der beste Weg für die Insider, den wachsenden Wettbewerb auszuschalten, war der, ihren Konkurrenten eine progressive Einkommensteuer aufzuerlegen, wobei sie die Gesetze so schrieben, daß sie Hintertürchen für sich selbst einbauten. Tatsächlich erkannten nur wenige Befürworter der progressiven Einkommensteuer, daß sie damit nur jenen einen Gefallen taten, die nach Kontrolle strebten. Dazu Ferdinand Lundberg in seinem Buch *Die Reichen und die Superreichen:*

»Was aber schließlich und endlich bei dieser Einkommensteuer herauskam, waren nur Randbemerkungen im Haushaltsbuch der Nation. Mit großem öffentlichen Aufsehen als Gesetz die Allmacht der Reichen proklamiert, wurde das Einkommensteuergesetz in einer Art ‚Jiu-Jitsu-Drehung' zu einer Massensteuer umfunktioniert.«[2]

Während dieser Periode waren Nelson Aldrich und dessen Großvater mütterlicherseits — John D. Rockefeller Sprachrohr der Insider im Senat. Aldrich war auch einer der Verschwörer, die in die geschickt eingefädelte Gründung der Federal Reserve verwickelt waren. Lundberg sagte: »Wenn Aldrich sprach, setzten die Journalisten voraus, daß — wenn es auch Aldrichs Worte waren — die Grundlinie gewiß von ‚Big John' [D. Rockefeller] gebilligt worden war . . .« In früheren Jahren hatte Aldrich die Einkommensteuer als »kommunistisch und sozialistisch« gebrandmarkt. Im Jahre 1909 vollführte er jedoch eine dramatische und verblüffende Kehrtwendung. Der *American Biographical Dictionary* kommentiert:

> »In dem Moment, als die Opposition ihren Höhepunkt an Heftigkeit erreicht hatte, nahm er [Aldrich] ihr den Wind aus den Segeln, indem er mit Unterstützung des Präsidenten [Taft] einen Abänderungsantrag zur Konstitution einbrachte, der den Kongreß ermächtigen sollte, Einkommensteuern festzulegen.«

Howard Hinton hielt in seiner Biographie über Cordell Hull fest, daß der Kongreßabgeordnete Hull, der im Abgeordnetenhaus die Einkommensteuer energisch vorantrieb, verblüfft folgende Bemerkung niederschrieb:

> »Während der vergangenen Wochen erlebten wir

im Kongreß das unerwartete Schauspiel, daß gewisse — sogenannte ,traditionell-konservative [sic'] — republikanische Führer plötzlich ihre zeitlebens gehegte Einstellung umkehrten und sich mit schlecht verhohlener Abneigung allem Anschein nach für den eingebrachten Einkommensteuer-Änderungsantrag einsetzten. Das gab Veranlassung zu allgemeiner Überraschung und Verwunderung.«[3]

Das Hintertürchen der Insider zur Vermeidung von Steuerabgaben stand nun allerdings offen. Zur Zeit, als der Abänderungsantrag von den Ländern gebilligt wurde (gerade noch, bevor die Einkommensteuer verabschiedet war), waren die Rockefeller- und Carnegie-Stiftungen voll im Gange.

Man sollte sich daran erinnern, daß es angeblich darum ging, die Monopole der Standard Oil (Rockefeller) und U. S. Steel (Carnegie) zu zerbrechen, als die verschiedenen Anti-Trust-Gesetze verabschiedet wurden. Diese Monopolisten konnten nun ihre Vermögen steuerfrei zusammensetzen, während ihre Konkurrenten der progressiven Einkommensteuer gegenüberstanden, die es ihnen schwer machte, Kapital anzuhäufen. Der Sozialismus ist — wie schon gesagt — ein Vermögenskondolidierungs- und Kontrollprogramm für die Insider. Das *Reece Commitee,* das für den Kongreß im Jahre 1953 Untersuchungen über Stiftungen anstellte, bewies mit einer überwältigenden Menge an Beweismaterial, daß die verschiedenen Rockefeller- und Carnegie-Stiftungen seit ihrem Beginn den Sozialismus unterstützten. (Siehe Rene Wormsers Buch *Fondations: Their Power and Influence* — Stiftungen:

Ihre Macht und ihr Einfluß —, Devin Adair, New York 1958)

Die Verschwörer hatten nun einen Mechanismus geschaffen, um die Verschuldung in die Höhe zu schrauben, ihre Forderungen einzutreiben und für sich selbst die Steuern zu vermeiden, die zur Bezahlung der jährlichen Schuldzinsen notwendig waren. Als ein Grund gebraucht wurde, die Verschuldung zu steigern und nichts dafür so geeignet ist wie ein Krieg, braute man in Europa den Ersten Weltkrieg zusammen.

Im Jahre 1916 wurde Woodrow Wilson — wenn auch nur um Haaresbreite — wiedergewählt. Seine Wahlkampagne war auf den Slogan gestützt: »Er hält Amerika aus dem Krieg!« Die amerikanische Bevölkerung war auf das heftigste gegen die Verwicklung Amerikas in einen europäischen Krieg. Sich aus den ewigen Auseinandersetzungen im Ausland herauszuhalten, war eine amerikanische Tradition seit George Washington. Doch als Wilson in seinen Wahlreden im ganzen Land das Versprechen gab, daß amerikanische Soldaten nicht in einen fremden Krieg gesandt würden, war er gerade dabei, das Gegenteil vorzubereiten. Sein »zweites Ich«, wie er Colonel House nannte, traf hinter den Kulissen Abmachungen mit England, die Amerika verpflichteten, in den Krieg einzutreten. Etwa fünf Monate später war es dann soweit. Dieselben Leute, die die Verabschiedung der Einkommensteuer und das Federal Reserve System manipuliert hatten, wollten Amerika am Krieg teilnehmen sehen. J. P. Morgan, John D. Rockefeller, Colonel House, Jacob Schiff, Paul Warburg und der Rest der Jekyl-Insel-Verschwörer waren sehr darauf bedacht, uns in diesen Krieg zu verwickeln. Viele dieser Finanziers hatten England große Geldsummen geliehen. Tatsächlich fungierten während des Ersten Weltkrieges J. P. Morgan & Co. als britische Finanzbeauftragte in diesem Land.

Während zwar alle Gründe, die üblicherweise für den Ausbruch des Ersten Weltkrieges angegeben werden, zweifellos eine Rolle spielten, gab es aber auch noch andere, viel ausschlaggebendere Ursachen. Die Verschwörung hatte den Krieg seit mehr als zwei Jahrzehnten geplant. Die Ermordung des österreichischen Thronfolgers war lediglich der direkte Anlaß, der eine Kettenreaktion auslöste, ein Vorwand für die eigentlichen Gründe dieses Krieges.

Nach Jahren des Kampfes war der Krieg in einer regelrechten Sackgasse und hätte beinahe in einer ausgehandelten Schlichtung geendet (wie das bei den meisten europäischen Konflikten der Fall war), wenn nicht die Vereinigten Staaten Deutschland den Krieg erklärt hätten.

Sobald Wilsons Wiederwahl durch seine kriegsfeindlichen Wahlslogans garantiert war, wurde eine vollkommen gegenläufige Propaganda in die Wege geleitet. Zu jener Zeit — ohne Radio und Fernsehen — wurde die öffentliche Meinung fast ausschließlich durch die Zeitungen kontrolliert. Viele der großen Zeitungen wiederum unterstanden der Überwachung durch die Federal Reserve. Sie begannen nun, die Trommel für die »Unvermeidbarkeit des Krieges« zu rühren. Arthur Ponsonby, Mitglied des britischen Parlaments, gestand in seinem Buch *Falsehood In War Time* (Unwahrheiten in der Kriegszeit) — erschienen bei E. P. Dutton & Co., Inc., New York 1928 —: »In der Welt von

1914—18 muß es mehr bewußtes Lügen gegeben haben als in jeder anderen Periode der Weltgeschichte.«[4] Die den Krieg betreffende Propaganda war äußerst einseitig. Obwohl nach dem Krieg viele Historiker zugaben, daß beide Seiten an seinem Ausbruch schuld waren, wurde Deutschland als militärisches Monstrum dargestellt, das nach der Weltherrschaft trachtete. Man bedenke, daß dieses Bild von England aufgestellt wurde, welches seine Soldaten in mehr Ländern rund um die Welt stehen hatte als alle anderen Länder zusammen! Der sogenannte »preußische Militarismus« existierte zwar, er stellte jedoch keine solche Bedrohung dar. Tatsächlich waren die Briten nicht damit einverstanden, daß die Deutschen sich als zähe Geschäftskonkurrenten auf dem Weltmarkt erwiesen.

Um Kriegsfieber zu erzeugen, wurde der Untergang der Lusitania zu neuem Leben erweckt; das britische Linienschiff war zwei Jahre zuvor von deutschen U-Booten torpediert worden. Die deutsche Unterseeboot-Kriegsführung wurde zum Hauptgegenstand in der Berichterstattung der Zeitungen.

Die tatsächlichen Hintergründe dieses Unterseebootkrieges — und speziell des Vorfalls mit der Lusitania — wurden jedoch entstellt wiedergegeben. Deutschland und England waren im Krieg miteinander. Jeder blockierte des anderen Land. J. P. Morgan und andere Finanziers verkauften Munition an die Briten, was Deutschland natürlich nicht zulassen konnte und wollte. Ebenso hätten es die Engländer nie erlaubt, daß Deutschland mit militärischem Nachschubmaterial versorgt worden wäre. Es war allein die Angelegenheit und auch das Risiko Morgans, der Muni-

Abb. 3 »Colonel« House (links) war der Strohmann der internationalen Bankiers. Er manipulierte Präsident Woodrow Wilson (rechts) in jeder Hinsicht. Wilson selbst nannte ihn sein „zweites Ich«. House spielte eine Hauptrolle bei der Erschaffung des Federal Reserve System und bei der Verabschiedung der progressiven Einkommensteuer. Der Eintritt Amerikas in den Ersten Weltkrieg ist mit sein Verdienst. Sein Einfluß auf den Präsidenten macht deutlich, daß nicht immer die, die Macht innehaben, im Licht der Öffentlichkeit stehen.

Abb. 4 Der in Deutschland geborene internationale Bankier Paul Warburg war der führende Kopf bei der Etablierung der Federal Reserve, durch die den internationalen Bankiers die Kontrolle über die nationale Wirtschaft ermöglicht wurde. Das Federal Reserve System kontrolliert die Geldversorgung und erlaubt so den Manipulatoren, abwechselnd Konjunktur und Krise zu erzeugen. Die Insider nutzen dies zu ihren Gunsten aus, kontrollieren so die Wirtschaft und zentralisieren so die Macht der staatlichen Regierung.

tion an England verkaufte, um ein Geschäft zu machen. Es gab jedoch mit Sicherheit keinen Anlaß, die gesamte Nation in den Krieg mit hineinzuziehen.

Zu der Zeit, als die Lusitania sank, hatte sie ca. dreitausend Tonnen Munition in ihren Laderäumen. Tatsächlich illegal war es, daß amerikanische Passagiere auf einem Schiff reisten, das Munition für kriegführende Nationen transportierte. Fast zwei Jahre, bevor das Linienschiff sank, erschien eine witzige Bemerkung in der »New York Tribune« vom 19. Juni 1913, die besagte: »Cunard*)-Offizielle bestätigten heute dem Korrespondenten des ‚Tribune', daß der Schnelldampfer Lusitania mit schweren Marinegewehren ausgerüstet wird . . .« Wirklich war die Lusitania in der britischen Marine als Hilfskreuzer registriert (Barnes, Harry E., *The Genesis of the War* — Die Entstehung des Krieges —, erschienen bei Alfred Knopf, New York, 1926, S. 611). Zusätzlich gab die deutsche Regierung in allen New Yorker Zeitungen große Anzeigen auf, in denen eventuelle Passagiere davor gewarnt werden sollten, daß das Schiff Munition führte und eine Atlantiküberquerung auf ihm ein Risiko sei. Diejenigen, die sich für die Fahrt entschieden, kannten also dieses Risiko sehr wahrscheinlich. Dennoch wurde der Untergang der Lusitania von der raffinierten Propaganda dazu benützt, die Deutschen als unmenschliche Schlächter von Unschuldigen darzustellen. Aus diesem Anlaß als pars pro totum für den Unterseebootkrieg wurde der feierliche Anlaß fabriziert, Amerika in den Krieg zu stoßen. Am 6. April 1917 erklärte der Kon-

*) Cunard-Reederei; ihr gehörte die Lusitania

greß den Krieg. Die amerikanische Bevölkerung fand sich damit auf der Basis ab, daß dies der Krieg »zur Beendigung aller Kriege« sein würde.

Während dieses »Krieges zur Beendigung aller Kriege« wurde der Insider-Bankier Bernard Baruch zum absoluten Diktator des amerikanischen Geschäftslebens gemacht, als ihn Präsident Wilson zum Vorsitzenden des Amtes für Kriegsindustrie ernannte, wo er Kontrolle über alle inländischen Vereinbarungen hatte, die das Kriegsmaterial der Alliierten betrafen. Baruch schaffte sich eine Menge Freunde, indem er viele Milliarden in Regierungsverträge investierte. Es wurde überall in der Wall Street gemunkelt, daß er aus dem Krieg, der den internationalen Bankiers die Vorherrschaft über die Welt sichern sollte, 200 Millionen Dollar Gewinn für sich herausschlug.[5]

Während Paul Warburg die Federal Reserve kontrollierte und Bernard Baruch Regierungsverträge abschloß, war der internationale Bankier Eugene Meyer, ein ehemaliger Partner von Baruch und Sohn, wiederum Partner des internationalen Rothschild-Bankhauses von Lazard Freres, von Wilson auserwählt, die Kriegsfinanzierungskorporation zu leiten, was ihm auch nicht gerade finanziell schadete.*)

Es sollte nicht unbeachtet bleiben, daß Sir William Wiseman, der Mann, der vom britischen Geheimdienst geschickt wurde, um Amerikas Eintritt in den Krieg mit zu fördern, für seine Dienste reich entlohnt wurde. Er blieb

*) Meyer erzielte später Kontrolle über die höchst einflußreiche ‚Washington Post', die unter dem Namen ‚Washington Daily Worker' bekannt wurde.

nach dem Krieg in Amerika und wurde Partner in der von Jacob Schiff und Paul Warburg kontrollierten Kuhn-Loeb-Bank.[6]

Der Erste Weltkrieg erwies sich für die internationalen Bankiers als glänzendes Geschäft. Für die Vereinigten Staaten aber war er eine Katastrophe von solchem Ausmaß, daß selbst heute nur wenige seine Bedeutung begreifen. Der Krieg kehrte unsere traditionelle Außenpolitik der Nichteinmischung um, und wir wurden bis heute fast ständig in Kriege »zur Erhaltung des Friedens« verstrickt.

Winston Churchill bemerkte einmal, es hätte dem Wohl aller Nationen gedient, hätten sich die Vereinigten Staaten um ihre eigenen Angelegenheiten gekümmert. Hätten die Amerikaner so gehandelt — so Churchill — »wäre Frieden mit Deutschland geschlossen worden, und es hätte keinen Zusammenbruch in Rußland gegeben, der Wegbereiter des Kommunismus war; keinen Zusammenbruch in Italien, dem der Faschismus folgte, und der Nationalsozialismus wäre in Deutschland nie an die Macht gekommen« (*Social Justice Magazin*, 3. 7. 39, S. 4).

Die bolschewistische Revolution in Rußland war offensichtlich einer der großen Wendepunkte in der Weltgeschichte. Über dieses Ereignis kursieren falsche Gerüchte in Hülle und Fülle. Den Mythosfabrikanten und Geschichtsschreibern ist es gelungen, das wesentliche der Historie vorzuenthalten. Die Etablierung des Kommunismus in Rußland ist ein klassisches Beispiel für die zweite größe Lüge des Kommunismus. Sie lautet — man erinnere sich — der Kommunismus sei eine Bewegung der unterdrückten Massen, die sich gegen die Ausbeutung seitens ihrer Arbeitgeber erheben. Diese raffiniert aufgetischte Irreführung wurde seit der ersten französischen Revolution von 1789 genährt.

Der Erfolg des Kommunismus in Rußland wird heute allgemein dem Umstand zugeschrieben, daß die Kommunisten die Sympathien der russischen Bevölkerung hinter sich hätten, die nach der Tyrannei der Zaren nur allzu empfänglich für ein anderes System gewesen sei. Diese Ansicht geht an der geschichtlichen Tatsache vorbei. Während fast durchweg bekannt ist, daß die bolschewistische Revolution im November 1917 stattfand, wissen nur wenige, daß der Zar schon im März, also sieben Monate früher, abgedankt hatte.[7] Als Zar Nikolaus II. abdankte, wurde von Prinz Lvov eine provisorische Regierung errichtet, die nach amerikanischem Muster aufgebaut werden sollte. Unglücklicherweise gab die Lvov-Regierung dem Kerenskij-Regime den Weg frei. Kerenskij, ein sogenannter demokratischer Sozialist, dürfte eine Übergangsregierung für die Kommunisten geführt haben. Er hielt den Krieg gegen Deutschland und andere Mittelmächte aufrecht. Er erließ jedoch eine Generalamnestie für Kommunisten und andere Revolutionäre, von denen viele nach der mißlungenen roten Revolution von 1905 verbannt worden waren. So kamen 250 000 geweihte Revolutionäre zurück zu Mütterchen Rußland, um das Schicksal der Kerenskij zu besiegeln.[8]

Auch in der Sowjetunion waren es nicht die unterdrückten Massen, die dem Kommunismus zur Macht verhalfen. Wie in anderen kommunistischen oder sozialistischen Ländern kam auch hier die Macht von oben herab. Lassen Sie mich die kommunistische Übernahme chronologisch darstellen:

Man schreibt das Jahr 1917. Die Alliierten bekämpfen die Mittelmächte. In diesen Krieg werden Rußland, das britische Commonwealth, Frankreich und — ab April 1917 — die Vereinigten Staaten miteinbezogen. Im März 1917 setzten entschlossene Planer die Kräfte in Bewegung, die Zar Nikolaus II. zum Abdanken zwangen. Er tat dies unter dem Druck der Alliierten, nach schweren Tumulten im Kapitol in Petersburg. Diese Tumulte waren verursacht durch die Zusammenbrüche im Transportsystem, welche die Stadt von der Lebensmittelversorgung abschnitten und zur Schließung der Fabriken führten.[9]

Wo aber waren Lenin und Trotzki, als sich dies alles ereignete? Lenin war in der Schweiz. Er hielt sich seit seiner Verbannung im Jahre 1905 in Europa auf — auch er wollte den Zaren bei der kommunistischen Revolution stürzen, die in jenem Jahr mißlang.

Auch Trotzki war im Exil. Er war Reporter einer kommunistischen Zeitung an der Ostseite der New Yorker City.[10] Die Bolschewiken waren zu der Zeit, als der Zar abdankte, keine sichtbare politische Kraft. Sie kehrten nicht auf das Drängen der unterdrückten Massen zurück nach Rußland, sondern mächtige Männer aus Europa und den Vereinigten Staaten verhalfen ihnen zur Macht.[11]

Lenin wurde in dem berühmten »versiegelten Zug« quer durch das im Krieg befindliche Europa geschickt. Er hatte ungefähr 5 bis 6 Millionen Dollar in Gold bei sich. Die ganze Sache war durch das deutsche Oberkommando und Paul Warburg arrangiert, unter Mithilfe des Zeit seines Lebens Sozialist gewesenen und sehr reichen Alexander Helphand alias »Parvus«. Als Trotzki am 27. März 1917 an Bord der S. S. Christiania mit einer Gefolgschaft von 275 Revolutionären New York verließ, war der erste Anlaufhafen Halifax, Nova Scotia. Dort wurde er von den Kanadiern verhaftet und für fünf Tage eingesperrt. Das war von den Kanadiern zu verstehen, denn Trotzki hatte oft gesagt, er werde im Falle seiner erfolgreichen Machtübernahme in Rußland sofort den »imperialistischen Krieg« beenden und einen separaten Frieden mit Deutschland abschließen. Dies konnte nicht im Interesse der Kanadier liegen, weil so ein großer Teil deutscher Truppen frei geworden wäre. Die so gewonnenen Truppen hätten an die Westfront verlegt werden können, um dort gegen Kanada zu kämpfen. Nach fünf Tagen Haft setzten sich jedoch plötzlich die Briten durch den zukünftigen Kuhn-Loeb-Partner Sir William Wiseman und die Vereinigten Staaten durch keinen geringeren als den allgegenwärtigen Colonel House bei der kanadischen Regierung für die Freilassung Trotzkis ein. Also wurde Trotzki freigelassen und kehrte — versehen mit einem amerikanischen Paß — zurück, um sich in Rußland mit Lenin zu treffen.[12] Trotzki und Lenin gelang es bis November durch Bestechung, Brutalität, List und Täuschung, mit Gewalt — nicht, weil die Massen hinter ihnen standen — das zu erzwingen, was Lenin »alle Macht den Sowjets« nannte. Die Kommunisten kamen an die Macht, indem sie sich nur einer Handvoll Städte bemächtigten. Tatsächlich vollzog sich die Revolution nur in einer Stadt — nämlich Petersburg. Das wäre etwa so, wie wenn ein kommunistischer Haufen sich Washington D.C. bemächtigen würde, und ganz Amerika würde kommunistisch. Es dauerte noch Jahre, bevor die

Sowjets ihre Macht in ganz Rußland festigen konnten.[13]

Die Deutschen hatten augenscheinlich eine plausible Rechtfertigung für die Finanzierung von Lenin und Trotzki. Die beiden Hauptverantwortlichen für die Finanzierung von Lenin waren Max Warburg und der aus Rußland abgeschobene Alexander Helphand. Sie konnten behaupten, der Sache ihres Landes durch die Finanzierung Lenins zu dienen. Allerdings versäumten es diese beiden deutschen »Patrioten«, dem Kaiser gegenüber ihren Plan, eine kommunistische Revolution in Rußland zu schüren, zu erwähnen.[14] Es tut sich eine andere Perspektive auf, wenn man berücksichtigt, daß der Bruder von Max Warburg der uns bekannte Paul Warburg war, der Hauptinitiator bei der Gründung des Federal Reserve Systems; er spielte ja dank seiner Position im Direktionsausschuß der Federal Reserve eine Schlüsselrolle bei der Finanzierung der amerikanischen Kriegsanstrengungen. Als in amerikanischen Zeitungen ruchbar wurde, daß Bruder Max die deutschen Finanzen führte, trat Paul von seinem Posten ohne Wimperzucken ab. Von nun an wurde die Intrige nur noch schlimmer.

Auch der Schwiegervater von Max Warburgs Bruder Felix — Jacob Schiff, ranghöchster Partner in der Kuhn & Loeb Co. — half bei der Finanzierung Trotzkis. Laut dem *New York Journal American* vom 3. Februar 1949: »Es wird heute geschätzt, daß Jacob Schiff ungefähr 20 000 000 Dollar für den endgültigen Triumph der Bolschewisten in Rußland investierte — so Jacobs Enkel, John Schiff.« (Siehe Karte 6)

Eine der besten Informationsquellen über die bolschewistische Revolution ist das Buch *Zarismus und die Revolution* von einem bedeutenden weißrussischen General namens Arsene de Goulevitch, Begründer der Union der unterdrückten Menschen in Frankreich. In diesem Band, der in Französisch geschrieben und sofort ins Englische übersetzt wurde, bemerkt Goulevitch:

> »Die Hauptlieferanten für die Geldmittel der Revolution waren jedoch weder die verrückten russischen Millionäre, noch die bewaffneten Banditen von Lenin. Die entscheidenden Summen kamen primär von bestimmten britischen und amerikanischen Kreisen, die seit langer Zeit die Sache der russischen Revolution unterstützten . . .«[15]

De Goulevitch fährt fort:

> »Die bedeutende Rolle des vermögenden amerikanischen Bankiers Jacob Schiff bei den Vorkommnissen in Rußland ist, obwohl sie noch nicht einmal teilweise enthüllt ist, nicht mehr länger ein Geheimnis.«

General Alexander Nechvolodov wird von de Goulevitch zitiert, als dieser in seinem Buch über die bolschewistische Revolution sagt:

> »Im April 1917 verkündete Jacob Schiff öffentlich, daß dank seiner finanziellen Unterstützung die Revolution in Rußland geglückt ist.
> Im Frühling desselben Jahres begann Schiff, Trotzki zu subventionieren . . .
> Gleichzeitig wurden Trotzki und seine Anhänger auch von Max Warburg und Olaf Aschberg von den Nye-Banken in Stockholm subventioniert . . .

auch von dem rheinisch-westfälischen Syndikat und Jivotovski, . . . dessen Tochter später Trotzki heiratete.«

Karte 6

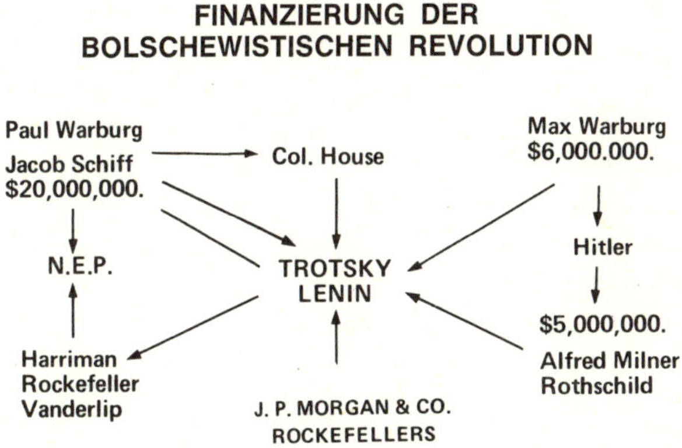

Schiff gab Millionen, um den Zar zu stürzen und investierte noch mehr, um den Sturz Kerenskijs zu ermöglichen. Lange, nachdem der wahre Charakter der Bolschewiken in der Welt bekannt war, sandte er noch Geld nach Rußland. Unter anderem brachte Schiff 10 Millionen Dollar für angeblich jüdische Kriegserleichterungen auf, die sich jedoch später als gute Geschäftsinvestition erwiesen.[16]

Gemäß de Goulevitch:

»Mr. Bakhmetiev, der letzte russisch-kaiserliche Botschafter in den Vereinigten Staaten, sagte uns, daß die Bolschewiken nach ihrem Sieg zwischen den

> Jahren 1918 und 1922 600 Millionen Rubel an Kuhn-Loeb & Co. — Schiffs Firma — transferierten.«[17]

Obwohl Schiffs Teilnahme an der bolschewistischen Revolution nun natürlich völlig bestritten wird, war sie zu jener Zeit unter den alliierten Geheimdiensten gut bekannt. So entstand das verbreitete Gerücht, der Bolschewismus sei eine jüdische Intrige. Wie gezeigt wurde, geht die Finanzierung auf ein Syndikat der internationalen Bankiers zurück, zu dem neben der Schiff-Warburg-Clique auch Morgan und Rockefeller gehörten. Dokumente zeigen, daß die Morgan-Organisation mindestens eine Million Dollar in die Kasse der roten Revolution legte.[18]

Ein weiterer bedeutender Finanzier der Revolution war ein extrem vermögender Engländer namens Lord Alfred Milner, Organisator und Leiter der geheimen Gruppe »The Round Table«, welche vom Haus Rothschild unterstützt wurde.

Dazu de Goulevitch:

> »Am 7. April 1917 machte General Janin folgende Tagebucheintragung ‚Au G. C. C. Russé'. — Im russischen Generalhauptquartier —, Le Monde Slave, Band 2, 1927, S. 296—297): Langes Interview mit R., der bekräftigte, was ich vorher von M. gehört hatte. Nachdem er auf den Haß der Deutschen gegen ihn und seine Familie hinwies, wandte er sich dem Thema der Revolution zu, die — wie er behauptete — von den Engländern eingefädelt worden sei. Genauer gesagt, von Sir George Buchanan und Lord [Alfred] Milner. In

Petersburg wimmele es um diese Zeit von Engländern . . . Er könne die Straßennamen und Hausnummern angeben, wo britische Agenten einquartiert seien. Es wurde von ihnen berichtet, daß sie während des Aufruhrs Geld an die Soldaten verteilten und sie zum Meutern aufstachelten.«[19]

De Goulevitch fährt fort: »In privaten Interviews wurde mir gesagt, daß Lord Milner über 21 Millionen Rubel zur Finanzierung der russischen Revolution ausgab.«

Man sollte in Anführungszeichen notieren, daß Lord Milner, Paul, Felix und Max Warburg »ihre« jeweiligen Länder auf der Pariser Friedenskonferenz nach Beendigung des Ersten Weltkrieges repräsentierten.

Wenn sich auch Max Warburgs Finanzierung von Lenin irgendwie dem deutschen »Patriotismus« zuschreiben läßt, so war es sicherlich kein Patriotismus, der Schiff, Morgan, Rockefeller und Milner inspirierte. Die Briten und die Amerikaner führten als Verbündete Krieg gegen Deutschland und waren ebenso verbündet mit dem zaristischen Rußland. Indem als Folge ihrer Finanzhilfe Dutzende deutscher Divisionen für die Westfront frei wurden, was wiederum vielen amerikanischen und britischen Soldaten das Leben kostete, begingen sie eindeutig Verrat.[20]

Im Zusammenhang mit der bolschewistischen Revolution tauchen also viele der Namen auf, deren Träger ebenso für die Bildung des Federal Reserve Systems, die Initiierung der graduellen Einkommensteuer, die Errichtung der steuerfreien Stiftungen und Amerikas Eintritt in den Ersten Weltkrieg verantwortlich zeichnen. Wer daraus nun aber

Abb. 5 Lord Alfred Milner, wohlhabender Engländer und Strohmann der Rothschilds, diente während der bolschewistischen Revolution als Zahlmeister für die internationalen Bankiers in Petersburg. Er fungierte später als Leiter einer geheimen Gesellschaft, die als »Round Table« bekannt wurde und eine Weltregierung anstrebte. Eine Gruppe superreicher Finanziers sollte — um diesen Plan zu verwirklichen — die Welt unter der Maske des Sozialismus kontrollieren. Die amerikanische Stütze dieser Verschwörung wurde Council on Foreign Relations genannt, wurde von linksgerichteten Bankiers ins Leben gerufen und wird nach wie vor von ihnen kontrolliert.

Abb. 6 Jacob Schiff finanzierte gemäß seinem Enkel John die kommunistische Revolution in Rußland in Höhe von 20 Millionen Dollar. Er war langjähriger Teilhaber der Rothschilds und nach einem Bericht in den Akten des Außenministeriums finanzierte seine Firma, Kuhn-Loeb & Co, den ersten Fünfjahresplan für Stalin. Schiffs Partner und Verwandter fädelte die Gründung der Federal Reserve ein, während er bei Kuhn-Loeb beschäftigt war. Die Nachkommen Schiffs sind heute im Council on Foreign Relations aktiv tätig.

Abb. 7 Sitz des *Council on Foreign Relations* in New York, 68. Straße. Das anerkannte Ziel dieses CFR ist die Abschaffung der Konstitution und das Auswechseln unserer einstmals unabhängigen Republik gegen eine Weltregierung. Die CFR-Mitglieder haben die letzten sechs Regierungen kontrolliert. Richard Nixon war Mitglied und hat mindestens 100 CFR-Mitglieder in hohe Positionen seiner Regierung berufen.

den — logisch-konsequenten — Schluß zieht, dies sei alles andere als ein Spiel des Zufalls, dessen Name verschwindet aus dem gesellschaftlichen Register unseres Landes. Eine Revolution kann nur durch Organisation und Finanzierung erfolgreich sein. Die »unterdrückten Massen« liefern gewöhnlich weder das eine noch das andere. Die Insider jedoch sind in der Lage, beides zu garantieren.

Was hatten die Insider nun zu gewinnen, als sie die russische Revolution durch finanzielle Hilfe förderten, oder als sie während der zwanziger Jahre das von Lenin so genannte ökonomische Programm zu einem großen Teil mitfinanzierten und so die Sowjets vor dem Zusammenbruch bewahrten?

Warum taten diese Superreichen dies alles? Nun, für ihr Ziel, die globale Eroberung, mußten sie irgendwo eine Startposition schaffen. Es mag oder mag auch kein zufälliges Zusammentreffen gewesen sein, aber Rußland war das europäische Land von Bedeutung ohne eine Zentralbank. Fürs erste gewann die kommunistische Verschwörung in Rußland ein geographisches Heimatland, von dem aus Bedrohungen gegen alle anderen Nationen der Welt gestartet werden konnten. Der Westen hatte nun einen Feind.

Einige der reichsten und mächtigsten Männer der Welt finanzieren also eine Bewegung, deren erklärtes Ziel es ist, gerade solche Männer wie die Rothschilds, Rockefellers, Schiffs, Warburgs, Morgans, Harrimans und Milners ihres Vermögens zu berauben. Es ist nur logisch anzunehmen, daß diese Superreichen den internationalen Kommunismus nur deswegen nicht fürchten und ihn sogar finanzieren, weil sie ihn kontrollieren. Gibt es eine andere logische

Erklärung? Man bedenke, daß die Rothschilds seit über hundertundfünfzig Jahren ein Standard-Operationsverfahren anwandten, wenn sie in jedem Konflikt beide Seiten kontrollierten. Sie müssen über einen Feind ihres Gläubigers verfügen, wenn sie sich ihre Darlehen sichern wollen. Die Politik des Gleichgewichts der Kräfte zwischen Ost und West ist einer der Hauptvorwände zur Sozialisierung Amerikas. – So ganz nebenbei kauften die Insider bei der Verstaatlichung Rußlands einen beträchtlichen Teil an Grund und Boden im Werte von etwa 30 bis 40 Millionen Dollar, komplett mit allen Schürfrechten.

Über die Art und Weise, wie Moskau von New York, London und Paris aus kontrolliert wird, können wir nur Mutmaßungen anstellen. Zweifellos ist der größte Teil dieser Kontrolle auf die Wirtschaft gerichtet. Es dürfte jedoch gewiß sein, daß die internationalen Bankiers eine Organisation in Rußland unterhalten, mit der sie die Linie der sowjetischen Politik kontrollieren. Es könnte sich hierbei um die internationale kommunistische Verbrecherorganisation SMERSH handeln, die in Erklärungen vor Kongreßkomitees und Ian Flemings Romanen beschrieben wird. Obwohl die Romane Flemings weitgehend erfunden sind, war doch Fleming in der britischen Spionage-Abwehr, hielt ausgezeichnete Geheimdienstkontakte in der ganzen Welt aufrecht und befaßte sich angeblich eingehend mit der internationalen Verschwörung.[21]

Wir wissen, daß eine Clique von amerikanischen Finanziers nicht nur bei der Etablierung des Kommunismus in Rußland assistierte, sondern auch erhebliche Anstrengungen darauf verwandt hat, ihn am Leben zu erhalten. Seit 1918 war diese Clique ständig mit dem Transferieren von Geld beschäftigt sowie mit der Vermittlung technischer Informationen an die Sowjetunion, was möglicherweise noch bedeutsamer ist. Das wird in dem dreibändigen Werk *Western Technology and Soviet Economic Development* (Die westliche Technologie und die sowjetische Wirtschaftsentwicklung) des Wissenschaftlers Antony Sutton vom Hoover-Institut an der Stanford-Universität für Krieg, Revolution und Frieden eindeutig dargelegt. Indem er vorwiegend offizielle Dokumente des Außenministeriums verwendet, zeigt Sutton überzeugend, daß im Grunde genommen alles, was die Sowjets besitzen, vom Westen erworben wurde. Es ist kaum eine Übertreibung, wenn man sagt, daß die UdSSR in den USA geschaffen wurde.

Es war dieselbe Clique, die in Versailles Europa aufteilte und somit den Anlaß zum Zweiten Weltkrieg schuf.

Dazu Lord Curzon: »Es ist kein Friedensvertrag, sondern lediglich eine Unterbrechung der Feindseligkeiten.« Im Jahre 1933 trieben dieselben Insider F. D. Roosevelt zur Anerkennung der Sowjetunion. So wurde die Sowjetunion zum zweitenmal vor dem finanziellen Zusammenbruch gerettet, während die Insider zur gleichen Zeit hohe Darlehen für das neue Regime Hitlers vergaben. Auch damit provozierten sie den Ausbruch des Zweiten Weltkrieges. Diese Manipulationen konnten die gleichen internationalen Finanziers nicht davon abhalten, im Jahre 1941 unserem Verbündeten Joseph Stalin nach seinem Bruch mit Hitler zu Hilfe zu kommen. Im Jahre 1943 nahmen sie auf der Konferenz in Teheran die Aufteilung Europas nach dem zweiten großen »Krieg zur Beendigung aller Kriege«

vor. 1945 setzten sie in Jalta und Potsdam die Richtlinien der China-Politik fest. Owen Lattimore berichtet dazu: »Das Problem war, wie man es China gestatten konnte, zu fallen, ohne daß es so aussah, als hätten die Vereinigten Staaten es gestoßen.« Diese Fakten sind unwiderlegbar. In einem Land nach dem anderen wurde der Bevölkerung der Kommunismus von oben herab aufgezwungen. Am energischsten setzten sich die Vereinigten Staaten und Großbritannien für diese Politik ein. Dies ist eine für Amerikaner unangenehme Beschuldigung, jedoch lassen die Tatsachen keine andere Schlußfolgerung zu.

Nichts von alledem ergibt einen Sinn, wenn der Kommunismus wirklich das wäre, was die Kommunisten und das Establishment glauben machen wollen. Wenn jedoch der Kommunismus das Instrument einer Verschwörung der Superreichen unter Assistenz von skrupellosen Wissenschaftlern ist, wird dies alles logisch durchschaubar.

An dieser Stelle sollten wir uns erneut klarmachen, daß die Verschwörung nicht nur von Bankiers und internationalen Kartellisten vorangetrieben wird, sondern daß es schon immer der nach den Straßen der Macht suchende Wissenschaftler war, der den Mächtigsten dieser Erde zeigte, wie sie ihren Reichtum gebrauchen konnten, um die Welt zu beherrschen.

Es sei dem Leser gesagt, daß dieses Buch nur einen Teil der Verschwörung zum Inhalt hat. Andere, nicht weniger bedeutende Teile, die auf Arbeits-, Religions- und Rassenkampf abzielen, um den Sozialismus voranzutreiben, wurden in zahlreichen anderen Büchern beschrieben. Diese Erscheinungsformen der Verschwörung arbeiten meistens unabhängig von den internationalen Bankiers. Es wäre gewiß verhängnisvoll, ihre Gefahr für unsere Freiheit unterschätzen zu wollen.[22]

Es wäre genauso verhängnisvoll, alle Geschäftsleute und Bankiers mit der Verschwörung in Verbindung bringen zu wollen. Es muß eine Trennlinie gezogen werden zwischen dem freien Unternehmertum, dem moralischsten und produktivsten System, das jemals erdacht wurde, und dem Kartell-Kapitalismus, beherrscht von Monopolisten und Bankiers. Der private Unternehmer bietet seine Produkte und Dienstleistungen auf dem freien Wettbewerbsmarkt an, während der Kartell-Kapitalist durch den Mißbrauch von Regierungen die Öffentlichkeit zu Geschäften mit ihm zwingt. Diese vereinigten Sozialisten sind die Todfeinde des privaten Unternehmertums und somit des freien Wettbewerbs.

Der Durchschnittsbürger kritisiert zwar, daß die Insider Preise festsetzen, die Märkte künstlich beeinflussen, Monopole errichten, Politiker kaufen und Arbeitnehmer ausbeuten — er durchschaut aber nicht deren Plan, die Welt mit Hilfe des Kommunismus beherrschen zu wollen.

Wenn wir jedoch auf diesem Gebiet die Gesetze der Logik anwenden und versuchen, diese Machtstreber zu entlarven, werden wir von den Massenmedien des Establishments als gefährliche Paranoiker verdammt, die volkszersetzende Ansichten verbreiten. Auf anderen Gebieten wird eine gesunde Opposition stets begrüßt, da diese ja der Aufrechterhaltung der »Demokratie« dient.

5. KAPITEL

JE MEHR SICH ZU VERÄNDERN SCHEINT, DESTO WENIGER VERÄNDERT SICH

Die Insider entfachten den Ersten Weltkrieg hauptsächlich deswegen aus dem Hintergrund, weil sie den Plan gefaßt hatten, als eine Folgeerscheinung dieses Krieges eine Weltregierung zu schaffen. Um nationale Monopole errichten zu können, war die Kontrolle der nationalen Regierungen erforderlich. Um ein internationales Monopol zu schaffen, waren logischerweise eine Weltregierung und deren Kontrolle vonnöten.

Nach dem Waffenstillstand am 11. November 1918 kamen Woodrow Wilson und sein Berater Colonel House nach Europa, in der Hoffnung, dort eine Weltregierung in Form eines Völkerbundes gründen zu können. Die Verhandlungen zeigten jedoch, daß die Schuld auf beiden Seiten gleichmäßig verteilt war. So verloren die »Vierzehn Punkte« Wilsons an Effektivität und die Wirkung seines geplanten »moralischen Kreuzzuges« war dahin. Die öffentliche Meinung wurde aufmerksam und Ernüchterung stellte sich ein. Der wichtige Verhandlungspartner Amerika zog sich zurück, und ohne seine Beteiligung konnte es keine Weltregierung geben.

Es ist einleuchtend, daß es der US-Senat mit Rücksicht auf die öffentliche Meinung nicht wagte, eine Abmachung zu ratifizieren, die das Land mit solch einer internationalen Verpflichtung belastete. Auf irgendeine Weise mußte der amerikanischen Öffentlichkeit jedoch die Idee von Internationalismus und Weltregierung nahegebracht werden. Wiederum sollte Colonel House dabei behilflich sein.

House hatte seine politischen Ideen 1912 in seinem Buch *Philipp Dru: Administrator* dargelegt. Er entwarf darin einen nur schlecht als Fiktion getarnten Plan zur Eroberung Amerikas durch die Einführung des »Sozialismus, wie er von Karl Marx erträumt wurde.«[1] Er beschrieb eine »Verschwörung«, die erfolgreich die Wahl eines US-Präsidenten unter »Irreführung über seine wahren Ansichten und Absichten« durchsetzte. House schrieb unter anderem, daß es der Verschwörung gelang, unbemerkt Einfluß auf die Nominierung der Kandidaten zu nehmen. Kandidaten, deren Ansichten nicht genehm waren, wurden so selbstverständlich nicht nominiert. Die Verschwörer beabsichtigten, die Republikanische und die Demokratische Partei als Instrumente zur Förderung einer Weltregierung zu benutzen. Wahlen wurden so zu einer Farce degradiert.

Im Jahre 1919 traf sich House mit den Mitgliedern der britischen Geheimorganisation *The Round Table.* Es wurde der Aufbau einer Organisation geplant, deren Aufgabe es sein sollte, den Bürgern Amerikas, Englands und Westeuropas die Vorzüge und angenehmen Seiten einer Weltregierung plausibel zu machen. Hauptargument dieser Werbekampagne sollte natürlich der »Frieden« sein. Daß die Insider es waren und daß sie eine Weltdiktatur planten, kam nicht zur Sprache.

Die Organisation *The Round Table* entsprang dem Lebenstraum des Gold- und Diamant-Magnaten Cecil Rhodes, der nach einer »neuen Weltordnung« strebte. Seine Biographin, Sara Millin, nannte es etwas konkreter

»den schlichten Wunsch nach der Regierung der Welt«.[2]

Prof. Quigley äußert hierzu:

> »In der Mitte des Jahres 1890 hatte Rhodes ein persönliches Einkommen von mindestens einer Million Pfund Sterling im Jahr [also ungefähr fünf Millionen Dollar], die er so freigiebig für seine geheimnisvollen Zwecke ausgab, daß sein Konto meistens überzogen war . . .«[3]

Rhodes Bindung an eine Verschwörung zur Verwirklichung der Weltregierung wird in einer Reihe von Testamenten belegt, die Frank Aydelotte in seinem Buch *American Rhodes Scholarships* beschreibt. Es heißt dort:

> »Die sieben Testamente, die Rhodes zwischen seinem 24. und 46. Lebensjahr machte [er starb im Alter von 48 Jahren], bilden eine Art spiritueller Autobiographie . . . Am bekanntesten sind das erste (das ‚Geheime Gesellschaftstestament') und das letzte, welches das Rhodes-Stipendiat festsetzt . . .
>
> In seinem ersten Testament erklärt Rhodes ausführlich sein Ziel: ‚Die Ausdehnung der britischen Herrschaft über die ganze Welt . . ., die Gründung einer so großen Macht, daß danach jeder Krieg unmöglich ist und die Förderung der Belange der Menschlichkeit.'
>
> Das ‚Glaubensbekenntnis' verbreitet sich über diese Ideen. Das Modell für seine Geheimgesellschaft war die Gesellschaft Jesu, obwohl er auch die Freimaurer erwähnte.«[4]

Zu bemerken ist, daß der Urheber dieser Art von Geheimgesellschaften Adam Weishaupt war, jener berüchtigte Philosoph, der am 1. Mai 1776 den Orden der Illuminaten mit dem Ziel einer Verschwörung zur Kontrolle der Welt gegründet hatte. Die Rolle von Weishaupts Illuminaten bei der Vertretung der Thesen von der Schreckensherrschaft ist unbestritten, und lange galten die Techniken der Illuminaten als Modell für die Methodik der Kommunisten. Auch Weishaupt nahm die Struktur der Gesellschaft Jesu (der Jesuiten) als Vorbild und übersetzte deren Kodex in Freimaurerbegriffe. Aydelotte fährt fort:

> »Im Jahre 1888 machte Rhodes sein drittes Testament . . ., er hinterließ alles Lord Rothschild [seinem Finanzier im Bergbauunternehmen] mit einem Begleitbrief, der ‚die schriftliche Substanz dessen, was zwischen uns besprochen wurde', enthielt. Diese, so vermutet man, bestand aus seinem ersten Testament und dem ‚Glaubensbekenntnis', das ein Postscriptum von Rhodes besagt: ‚Im Hinblick auf die angedeuteten Fragen nehmen Sie die Konstitution der Jesuiten, wenn erhältlich'.«

Anscheinend aus strategischen Gründen wurde Lord Rothschild später aus der vorderen Reihe des Systems entfernt. Professor Quigley enthüllt, daß Lord Rosebury »anstelle seines Schwiegervaters, Lord Rothschild, in Rhodes geheimer Gruppe aufgenommen und in Rhodes nächstem (und letztem) Testament zum Treuhänder ernannt wurde.«

Die »Geheime Gesellschaft« wurde nach dem Verschwörungsmuster in Kreisen von innen her aufgebaut. Professor Quigley informiert uns darüber, daß der zentrale Kern im März 1891 mit Rhodes Geldern gegründet wurde. Die

Organisation wurde für Rothschild von Lord Alfred Milner geführt, von dem im vorangegangenen Kapitel als Schlüsselfinanzier der bolschewistischen Revolution die Rede war. *The Round Table* arbeitete hinter den Kulissen der britischen Regierung. Sie beeinflußte die Außenpolitik und Englands Verhalten im Ersten Weltkrieg. Gemäß Professor Quigley:

> »Am Ende des Krieges von 1914 wurde klar, daß die Organisation dieses Systems [der Round-Table-Gruppe] sehr stark ausgedehnt werden mußte. Wieder einmal wurde diese schwere Aufgabe Lionel Curtis anvertraut, der in England und allen Kolonien Frontorganisationen der Round-Table-Gruppe gründete. Diese Frontorganisation wurde *Royal Institute of International Affaires* [RIIA] (Königliches Institut für Internationale Angelegenheiten) genannt. Die Kernorganisation war in jedem Bereich die Round-Table-Gruppe. In New York war die Frontorganisation als *Council on Foreign Relations* [CFR] (Verband für ausländische Beziehungen) bekannt und war in Verbindung mit der sehr kleinen amerikanischen Round-Table-Gruppe der Hintergrund für J. P. Morgan & Co. Die amerikanischen Organisatoren wurden von der großen Zahl der Morgan-‚Experten' beherrscht, die zu der Pariser Friedenskonferenz gingen und dort Verbindung zu der gleichartigen Gruppe englischer ‚Experten' aufnahmen, die sich aus der Milner-Gruppe rekrutierten. Die Pläne des *Royal Institute of International Affaires* und des

Council on Foreign Relations wurden in Paris entworfen . . . «[5]

Joseph Kraft (CFR) teilt jedoch in *Harpers* vom Juli 1958 mit, daß der Hauptagent der offiziellen Gründung des CFR Colonel House war, unterstützt von Protegés wie Walter Lippmann, John Foster Dulles, Allan Dulles und Christian Herter. Es war House, der als Gastgeber für die Round-Table-Gruppe — sowohl für die amerikanische als auch für die englische — bei dem Schlüsseltreffen vom 19. Mai 1919 im Majestic-Hotel in Paris fungierte, wo der Verschwörung die Bildung des CFR anvertraut wurde.

Obwohl Quigley die Bedeutung von Morgans Leuten bei der Erschaffung dieser als CFR bekannten Organisation betont, verraten das Material der Organisation und die Memoiren des Colonel House diesen als den Hauptverantwortlichen für die Bildung des CFR. Der 25. Jahresbericht des CFR sagt folgendes über die Gründung in Paris:

> ». . . Das Institut für Internationale Angelegenheiten, gegründet 1919 in Paris, war zu Beginn aus zwei Abteilungen zusammengesetzt. Eine im Vereinigten Königreich, die andere in den Vereinigten Staaten . . .«

Später wurde der Plan, eine vorgetäuschte Autonomie zu schaffen, geändert, weil ». . . es unklug zu sein schien, eine einzige Institution mit Unterabteilungen zu errichten«. Es mußte also den Anschein erwecken, als ob das CFR in Amerika und das RIIA in England zwei voneinander wirklich unabhängige Körperschaften seien. So sollte die amerikanische Öffentlichkeit nicht gewahr werden, daß das CFR in Wirklichkeit eine Tochter der Round-Table-Gruppe ist.

Wenn wir Prof. Quigley folgen, waren die bedeutendsten Finanzdynastien in Amerika nach dem Ersten Weltkrieg — abgesehen von Morgan — die Rockefellers, Kuhn-Loeb & Co., Dillon Rad and Company sowie Brown bros. Harriman. Alle waren im CFR vertreten, zu dessen Gründungsmitgliedern im übrigen auch Paul Warburg gehörte. Ebenso gehörten alle die Insider zu den Gründungsmitgliedern, die das Federal-Reserve-System erschufen und von denen auch viele die bolschewistische Revolution mitfinanzierten. Hier einige Namen von der Gründerliste des CFR: Jacob Schiff, Averell Harriman, Frank Vanderlipp, Nelson Aldrich, Bernard Baruch, J. P. Morgan, John D. Rockefeller. Sie alle erschufen das CFR als Mittel für ihre Zwecke.

Das CFR wurde bekannt als »das Establishment«, »die unsichtbare Regierung« und »das Rockefeller-Ministerium für Auswärtige Angelegenheiten«. Diese halbgeheime Organisation wurde unbestritten die einflußreichste Gruppe in Amerika.

Einer der ungewöhnlichsten Artikel zu diesem Thema wurde im *Christian Science Monitor* vom 1. September 1961 veröffentlicht:

> Auf der Westseite der berühmten Park Avenue in der 68. Straße [in New York City] stehen sich zwei stattliche Gebäude gegenüber. Das eine ist das sowjetische Botschaftsgebäude für die Vereinten Nationen . . . Direkt gegenüber an der südwest-

lichen Ecke ist das *Council on Foreign Relations* — wahrscheinlich die einflußreichste halböffentliche Organisation im Bereich der Außenpolitik.«

Obwohl das CFR fast 1500 offizielle Mitglieder hat, die sich nahezu ausnahmslos in Regierung, Arbeit, Geschäftsleben, Kommunikationswesen, Stiftungen und Akademien einen Namen gemacht haben, und ungeachtet der Tatsache, daß das Personal des CFR fast jede Schlüsselposition in jeder Regierung seit Roosevelt innehatte, ist es zweifelhaft, daß einer von tausend Amerikanern wenigstens den Namen der Organisation kennt, geschweige denn, etwas über deren Struktur und Absichten erzählen kann.

Ein Beweis für die erfolgreiche Wahrung der Anonymität des CFR ist die Tatsache, daß es dem Autor dieses Buches und seinen Mitarbeitern auch nach eifrigem Studium der Bände des *Readers Guide To Periodical Literature* (Leseführer der Zeitschriftenliteratur) nur gelang, einen einzigen Artikel über das CFR zu entdecken — und das, obwohl diese Organisation seit nahezu fünfzig Jahren auf höchster Ebene operiert und von Anfang an die besten Mitarbeiter der Kommunikationsmedien zu ihrem Stab zählen konnte. Dieser eine Artikel erschien zudem in *Harpers,* wohl kaum als Massenzeitschrift zu bezeichnen. In den großen amerikanischen Tageszeitungen sind ebenfalls nur eine Handvoll Artikel über das CFR erschienen. Ein solch erfolgreicher Versuch, die Anonymität zu praktizieren — dies dürfte kaum ein Zufallsprodukt sein.

Was nun macht diese Organisation so einflußreich? Niemand derer, die dies mit Bestimmtheit wissen, wird darüber Auskunft geben. Auch der *Christian Science Monitor,* der von einem Mitglied der amerikanischen Round-Table-Gruppe — einem Zweig von Milners geheimer Gesellschaft — herausgegeben wird, sagt in seinem Artikel vom 1. September 1961 nichts darüber aus. Hier wird nur Aufschluß darüber gegeben, aus welchen verschiedenen Bereichen des öffentlichen und beruflichen Lebens die Mitglieder des CFR stammen. Was sie verbindet — so heißt es weiter — sei eine leidenschaftliche Besorgnis um die Richtung der amerikanischen Außenpolitik. Doch der *Christian Science Monitor* deutet den erheblichen Einfluß des CFR während der letzten sechs Regierungsperioden an:

> »Dadurch, daß die Mitglieder des CFR sich dem Studium und der Erörterung der amerikanischen Außenpolitik verschrieben haben, ist ein konstanter Strom seiner Mitarbeiter vom privaten zum öffentlichen Dienst zu beobachten. *Fast die Hälfte seiner Mitarbeiter wurde aufgefordert, offizielle Regierungspositionen einzunehmen oder hin und wieder als Berater zu fungieren.«* (Betonung wurde hinzugefügt.)

Die vom CFR befürworteten Regierungsmaßnahmen im Bereich der Verteidigung und Außenpolitik werden mit einer Regelmäßigkeit zur offiziellen Politik der Regierung der Vereinigten Staaten, daß man von Zufall hier nicht mehr sprechen kann. Dazu bemerkt Joseph Kraft in *Harpers:* »Es war der Schauplatz einiger grundlegender Regierungsentscheidungen, hat für viele mehr den Wortlaut fixiert und diente wiederholt als Rekrutierungsbasis für höchste Staatsbeamte.« Kraft nannte seinen Artikel über das CFR zufälligerweise und passend »Schule für Staatsmänner« — ein Eingeständnis, daß die Mitglieder des CFR auf eine strategische Linie gedrillt werden, die dann in Washington ausgeführt wird.

Als der Zweite Weltkrieg nahte, war es dem Einfluß der Round-Table-Gruppe zuzuschreiben, daß Hitler weder in Österreich, im Rheinland noch im Sudetenland gestoppt wurde. Sie trug somit auch die Verantwortung für die Beschleunigung des Massenmordes. Ein zweiter Welkrieg würde die Umstände zur Errichtung einer Weltregierung erheblich verbessern. Die Finanzierung von Adolf Hitlers Aufstieg zur Macht wurde durch die von Warburg kontrollierte Mendelson-Bank in Amsterdam und später durch die J.-Henry-Schroeder-Bank — mit Zweigstellen in Frankfurt, London und New York — gehandhabt. Oberster Rechtsberater der letztgenannten Bank war die Firma von Sullivan und Cromwell, zu deren Hauptteilhabern John Foster und Allan Dulles gehörten. (Siehe James Martins, *All Honorable Men*, Little Brown Co., New York, 1950, Seite 51; siehe auch Quigley, Seite 443.)

Während die Round-Table-Gruppe ihre Arbeit in Europa verrichtete, brachte das CFR den Ball in den Vereinigten Staaten ins Rollen. Seine erste Aufgabe war es, das State Department der Vereinigten Staaten zu infiltrieren, um sicherzustellen, daß nach dem Zweiten Weltkrieg keine Fehler wie nach dem Ersten Weltkrieg unterlaufen. Die Übernahme des State Department durch das CFR ist in der State Department Publication 2349 — *Bericht an den Präsidenten über die Resultate der San-Franzisko-Konferenz* — festgehalten. Es ist der Bericht des Staatssekretärs Edward R. Stettinius (CFR) an Präsident Truman. Auf Seite 20 ist zu lesen:

»Mit dem Ausbruch des Krieges in Europa war es klar, daß die Vereinigten Staaten danach mit neuen außergewöhnlichen Problemen konfrontiert würden . . . Demgemäß wurde vor Ende des Jahres 1939 [zwei Jahre bevor die USA in den Krieg eintraten] auf Vorschlag des CFR ein Komitee für Nachkriegsprobleme eingerichtet. Das Komitee setzte sich aus hohen Beamten des Außenministeriums zusammen [außer einem waren alle CFR-Mitglieder]. Es wurde assistiert durch einen Forschungsstab [bereitgestellt, finanziert und dirigiert durch das CFR], der im Februar 1941 in einer Abteilung für Spezial-Forschung organisiert wurde [und von der Lohnliste des CFR zu der des Staatsministeriums überwechselte]. Die Forschungsmöglichkeiten waren [nach Pearl Harbour] beschleunigt expandiert worden, und das staatliche Komitee für Nachkriegsprobleme wurde zu einem beratenden Komitee für auswärtige Nachkriegspolitik umorganisiert [komplett mit Personal des CFR ausgestattet].« (Siehe auch die CFR-Broschüre *A Record of Twenty Years, 1921–1947.)*

Dies ist die Gruppe, die die Vereinten Nationen ersann — der erste große, erfolgreiche Schritt auf dem Weg zu einem Welt-Superstaat. Mindestens 47 CFR-Mitglieder waren unter den amerikanischen Delegierten bei der Gründung der Vereinten Nationen in San Franzisko im Jahre 1945. Es waren neben anderen: Harold Stassen, John J. McCloy, Owen Lattimore (der vom senatsinternen Sicherheitsausschuß ein »bewußtes Bindeglied der sowjetischen

Verschwörung« genannt wurde), Alger Hiss (kommunistischer Spion), Philipp Jessup, Harry Dexter White (kommunistischer Agent), Nelson Rockefeller, John Foster Dulles, John Carter Vincent und Dan Acheson. Um sicher zu sein, daß die kommunistischen Parteimitglieder die Wichtigkeit der Etablierung der UN verstanden, gab das offizielle theoretische Parteijournal *Political Affairs* in seiner April-Ausgabe 1945 folgende Anordnung:

> »Allgemeine Unterstützung und großer Enthusiasmus sollten hervorgerufen werden, gut organisiert und leidenschaftlich artikuliert. Doch dies genügt nicht. Die Opposition muß so hilflos gemacht werden, daß sie unfähig ist, irgendeine bedeutende Unterstützung im Senat gegen die Charta der Vereinten Nationen und die nachfolgenden Verträge zu finden.«

Es ist erstaunlich, daß sich die Parteien noch niemals die Frage stellten, weshalb sie eine Organisation unterstützen müssen, die von den ihnen verhaßten Persönlichkeiten der Wall Street beherrscht wird. Die meinungsbildenden Vertreter der Massenmedien haben sich geradezu selbst übertroffen, indem sie die UN als Friedensorganisation anstatt als Fassade der internationalen Bankiers darstellen.

Die Mitglieder des CFR beherrschten nicht nur die Einrichtung der UN, sie standen auch dem amerikanischen Präsidenten bei den Konferenzen in Teheran, Potsdam und Jalta zur Seite, wo Millionen von Menschen den Händen Joseph Stalins ausgeliefert wurden — eine gewaltige Ausdehnung der kommunistischen Verschwörung. Verwaltungsassistent von F. D. Roosevelt war zu dieser Zeit ein

Schlüsselmitglied des CFR namens Lauchlin Currie, der später von J. Edgar Hoover als Sowjetagent identifiziert wurde.

So vollendet hat das CFR das Außenministerium in den vergangenen 38 Jahren beherrscht, daß außer Cordell Hull, James Byrnes und William Rogers alle Staatssekretäre CFR-Mitglieder waren. Rogers war kein Mitglied, doch Mr. Nixons Hauptberater in auswärtigen Angelegenheiten, Prof. Henry Kissinger, wechselte aus dem Stab des CFR zu diesem Posten über. Auch die Untersekretäre des Außenministeriums sind fast durchweg Mitglieder.

Auch heute arbeitet das CFR aktiv auf sein Hauptziel hin, die Regierung über die ganze Welt — einer Regierung, die von den Insidern und deren Verbündeten kontrolliert werden soll. Das Ziel des CFR ist also schlichtweg die Abschaffung der Vereinigten Staaten mit ihrer konstitutionell garantierten Freiheit. Und es wird noch nicht einmal versucht, dies zu verbergen: *Study Nr. 7*, vom CFR am 25. November 1959 veröffentlicht, rät offen zur »Bildung einer neuen internationalen Ordnung, [welche] dem Verlangen der Welt nach Frieden [und] nach sozialer und wirtschaftlicher Veränderung entsprechen muß . . ., eine internationale Ordnung [das Codewort für Weltregierung] . . . inklusiv der Staaten, die sich selbst als ‚Sozialisten' [Kommunisten] bezeichnen.«[7]

Diese Motivation wird für die verständlich, die die Mitgliederliste des CFR studiert haben (siehe Karte 7). Internationale Bankorganisationen, die gegenwärtig Mitglieder des CFR stellen, sind u. a.: Kuhn-Loeb & Co.; Lazard Freres (direkt verbunden mit Rothschild); Dillon

Read; Lehman Bros.; Goldman, Sachs; Chase Manhattan Bank; Morgan Guaranty Bank; Brown Bros. Harriman; First National City Bank; Chemical Bank and Trust und Manufacturers Hanover Trust Bank.[8]

Führende Männer von folgenden großen Gesellschaften sind Mitglieder des CFR: Standard Oil, IBM, Xerox, Eastman Kodak, Pan American, Firestone, US Steel, General Electric und American Telephone and Telegraph Company.

Ebenfalls Mitglieder der CFR sind Männer von so offensichtlich linksgerichteten Organisationen wie der *Fabian Socialist Americans for Democratic Action,* die *Socialist League for Industrial Democracy* — früher *Intercollegiate Socialist Society* — und die *United World Federalists,* die offen zu einer Weltregierung mit den Kommunisten raten. So ergebene sozialistische Arbeiterführer wie vormals Walter Reuther, David Dubinsky und Jay Lovestone waren ebenfalls Mitglieder des CFR. Man hält diese Männer und Organisationen doch für eingefleischte Gegner der oben aufgeführten Banken und Gesellschaften, dennoch gehören sie demselben Lager an. Es liegt auf der Hand, warum diese Tatsache nicht publik gemacht wird.

Das CFR ist völlig verknüpft mit den großen Stiftungen und sogenannten »Think Tanks«. Mit eingeschlossen in diese Verknüpfung sind die Rockefeller-, Ford- und Carnegie-Stiftungen und die Rand-Corporation, Hudson Institut, Fund - for - the - Republic und Brookings Institute.

Unter den Kommunikationsgesellschaften, die im CFR vertreten sind, finden wir: National Broadcasting Corporation, Columbia Broadcasting Corporation, Time, Life,

Karte 7

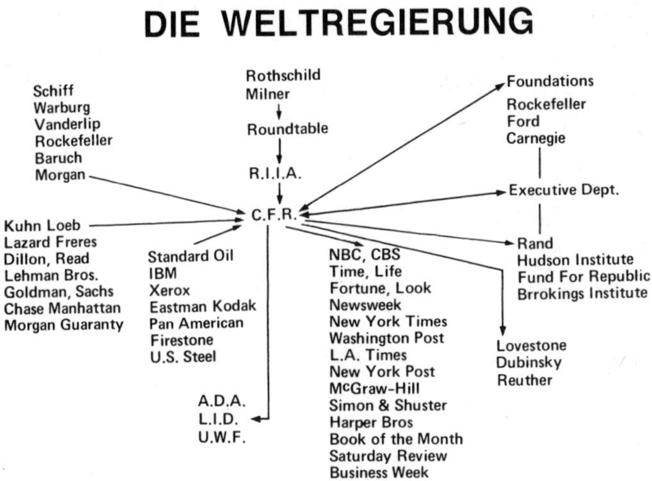

Fortune, Look, Newsweek, New York Times, Washington Post, Los Angeles Times, New York Post, Denver Post, Louisville Courier Journal, Minneapolis Tribune, die Knight-Zeitungen, McGraw-Hill, Simon & Schuster, Random House, Little Brown & Co., McMillan Co., Viking Press, Saturday Review, Business Week, Harper Bros. und den Club »Das Buch des Monats«. Wenn die Kontrolle einer Organisation über ein solches Aufgebot von Firmen unmöglich erscheint, so nur deshalb, weil die meisten Leute nicht wissen, daß die Gründer solcher Giganten wie der New York Times und NBC [Nationale Rundfunkgesellschaft] von Morgan, Schiff und deren Verbündeten ausgewählt, finanziert und dirigiert wurden. David Ochs von der Times und David Sarnoff von der RCA [Radiogesellschaft von Amerika] sind Beispiele hierfür. Beide erhielten frühe finanzielle Hilfe durch Kuhn-Loeb & Co. und eine Morgan-Bürgschaft.

Alle diese Firmen und Gesellschaften haben die Aufgabe, dafür zu sorgen, daß die Öffentlichkeit das CFR nicht entdeckt und seine Rolle bei der Erschaffung einer sozialistischen Weltdiktatur nicht ausfindig macht.

Colonel House war – es wurde schon erwähnt – der Auffassung, daß es zwei politische Parteien, aber nur eine Ideologie geben sollte — den Weltsozialismus. Genauso verhält es sich heute in Amerika. Obwohl es philosophische Differenzen zwischen den bodenständigen Demokraten und Republikanern gibt, wird man bei Betrachtung der politischen Parteien feststellen, daß diese Differenzen sich nach oben hin immer mehr verlieren. Schließlich verschwinden die Unterschiede ganz hinter der vom Establishment gemanagten Pressezensur. An der Spitze steht die Kontrolle des CFR.

George Wallace hatte recht, als er im Jahre 1968 behauptete, es gäbe zwischen den beiden Parteien nicht den geringsten Unterschied.

Folgende Mitglieder der Demokratischen Partei waren oder sind CFR-Agenten: Dean Acheson, Alger Hiss, Adlai Stevenson, John Kennedy, Robert Kennedy, Edward Kennedy*), Averell Harriman, George Ball, Henry Fowler,

*) Boston Committee

Dean Rusk, Adam Yarmolinsky, Hubert Humphrey und John Lindsa.

Von den internationalen Bankiers wurden viele, die in der L.-B.-Johnson-Verwaltung tätig waren, für ihre Dienstleistungen mit bequemen und lukrativen Posten belohnt. Unterstaatssekretär George Ball kam zu Lehmann Brothers; Finanzsekretär Henry Fowler zu Goldman, Sachs & Co.; der Budget-Direktor Peter Lewis, Finanzuntersekretär Frederick Deming und der ehemalige Handelssekretär C. R. Smith wurden von Lazard Freres (Rothschild) aufgenommen. Fowler und Deming waren in hohem Maße für die Politik verantwortlich, die dazu führte, daß die Nationen Europas die Hälfte unseres Goldes beanspruchten und die US-Staatskasse all ihrer Silber-Reserven beraubt wurde, die sie während eines Jahrhunderts angelegt hatte. Wurden diese Männer aus Mitleid wegen ihrer Unfähigkeit oder zum Dank für ihre Verdienste belohnt?

Die Republikanische Partei wurde von folgenden Männern für das CFR kontrolliert: Dwight D. Eisenhower, John Foster Dulles, Thomas E. Dewey, Jacob Javits, Robert McNamara, Henry Cabot Lodge, Paul Hoffman, John Gardner, dem Rockefeller-Clan, Elliott Richardson, Arthur Burns, Henry Kissinger und Richard Nixon.*)

Es wurde zwar jede Verwaltung seit F. D. Roosevelt vom CFR beherrscht, die Nixon-Regierung hält jedoch durch die Berufung von 110 CFR-Mitgliedern in Schlüsselpositionen der Regierung den Rekord. Henry Kissinger repräsentiert das vollkommene Gegenteil von dem, wofür Richard Nixon in seiner Wahlkampagne einzutreten versprach. Liberale und Konservative sind sich einig, daß Kis-

Karte 8

DIE KONTROLLE DER POLITISCHEN PARTEIEN

DEMOCRATS	REPUBLICANS
DEAN ACHESON	DWIGHT EISENHOWER
ALGER HISS	JOHN FOSTER DULLES
ADLAI STEVENSON	THOMAS E. DEWEY
JOHN KENNEDY	JACOB JAVITS
ROBERT KENNEDY	PAUL HOFFMAN
AVERILL HARRIMAN	ROBERT MacNAMARA
GEORGE BALL	JOHN GARDNER
HENRY FOWLER	HENRY CABOT LODGE
DEAN RUSK	ROCKEFELLERS
ADAM YARMOLINSKY	ELIOT RICHARDSON
JOHN K. GALBRAITH	ARTHUR BURNS
ARTHUR SCHLESINGER, Jr.	HENRY KISSINGER
JOHN LINDSAY	RICHARD NIXON
HUBERT HUMPHREY	

singer bei weitem der bedeutendste Mann in der Nixon-Regierung ist.

Ganz gleich, ob Demokraten oder Republikaner an der Regierung sind — die Macht des CFR bleibt davon unbeeinflußt. Trotz scheinbarer politischer Veränderungen wird alles von den Insidern manipuliert, die die Kontrolle der Welt anstreben. Prof. Quigley schreibt:

> »Es existiert und hat seit einer Generation existiert, ein internationales Netzwerk, das bis zu einem gewissen Grade in einer Weise operiert, in der nach Meinung der radikalen Rechten die Kommunisten handeln. Tatsächlich hat dieses Netzwerk, das wir als die Round-Table-Gruppen bezeichnen wollen, keine Aversion gegen die Zusammenarbeit mit den Kommunisten, und verfährt häufig entsprechend.«[9]

Dies mag zwar widersprüchlich klingen, sind die Kommunisten doch angeblich eingefleischte Gegner der Insider und doch verhält es sich so und die Bedrohung für uns alle wächst.

*) (S. 123) Richard Nixon behauptet, daß er nicht mehr dem CFR angehört. Er schied aus, als das CFR 1962 zu einem Streitpunkt in seiner ersten Wahlkampagne um das Gouverneursamt in Kalifornien wurde. Nixon nannte niemals einen Grund für ein Ausscheiden. Es spricht jedoch für sich, daß er über 110 CFR-Mitglieder wichtige Posten in seiner Verwaltung zugewiesen hat. Es dürfte nicht überrraschen, daß derselbe Nixon, der im Jahre 1968 als Konservativer kandidierte, seine wirkliche Position dem CFR schon durch seinen Artikel im CFR-Magazin Foreign Affairs vom Oktober 1967 klar gemacht hatte.
Der Artikel war überschrieben „Asien nach Vietnam" und offenbarte, wie der ehrgeizige Präsident Nixon eine neue Politik gegenüber Rot-China eröffnen und „Realismus" in unsere asiatische Außenpolitik bringen würde. Der CFR-Jahresbericht von 1952 räumte ein, daß Mitglieder in besonderen Positionen bisweilen dazu gezwungen wurden, ihre Mitgliedschaft geheim zu halten und in den Untergrund zu gehen.

Ganz klar gibt der Leitartikel des *Chikago Tribune* vom 9. Dezember 1950 über das CFR zu erkennen:

> »Die Mitglieder des CFR haben überdurchschnittlichen Einfluß auf die Gesellschaft. Sie haben das Prestige, das ihnen ihr Reichtum, ihre gesellschaftliche Position und ihre Ausbildung gegeben haben, dazu benützt, ihr Land in den Bankrott und den militärischen Zusammenbruch zu führen. An ihren Händen klebt das getrocknete Blut des letzten und das frische des gegenwärtigen Krieges [Korea-Krieg].«

Es konnte in diesem Artikel noch nicht erwähnt werden, daß das CFR jetzt auch noch die Schuld am Tod von 50 000 Amerikanern in Vietnam auf sich geladen hat. Skrupellos förderte das CFR die amerikanische Politik der Verschiffung von Hilfs- und Handelslieferungen für das Arsenal des Vietkong und wurde so mitschuldig am Tod vieler junger Amerikaner.

Es dürfte nicht überraschen, von einem organisatorischen Gegenstück zum CFR auf internationaler Ebene zu erfahren. Diese Gruppe nennt sich *Die Bilderberger.* Wenn schon das CFR weitgehend unbekannt ist, dürfte diese Gruppe noch weniger bekannt sein. Auch das ist kein Zufall.

Der eigenartige Name dieser Gruppe ist vom Ort ihres ersten Treffens im Mai 1954 – dem Hotel de Bilderberg — in Oostebeek, Holland, abgeleitet. Der Mann, der die Bilderberger ins Leben rief, ist Seine Königliche Hoheit Prinz Bernhard der Niederlande. Er nimmt eine bedeutende Stellung bei der Royal Dutch Petroleum (Shell Oil) und bei der Société Generale de Belgique, einem riesigen Kartell-Konglomerat mit weltweiten Niederlassungen, ein. Die Bilderberger treffen sich ein- bis zweimal im Jahr. Unter ihnen befinden sich führende Persönlichkeiten der Vereinigten Staaten und West-Europas aus dem Bereich von Politik und Finanzen. Prinz Bernhard verhehlte nicht, daß das ultimative Ziel der Bilderberger ebenfalls eine Weltregierung ist. Bis es soweit ist, koordinieren die Bilderberger die Bemühungen der Insider Europas und Amerikas.

Prinz Bernhards Rolle entspricht der David Rockefellers, dem Vorsitzenden des CFR-Ausschusses, dessen wirtschaftliche Basis die gigantische Chase Manhattan Bank und Standard Oil ist. Zu den Bilderbergern aus der Welt der Hochfinanz gehören Baron Edmund de Rothschild, C. Douglas Dillon (CFR) von Dillon Read & Co., Robert McNamara von der Weltbank, Sir Eric Roll von S. G. Warburg & Co. Ltd., Pierce Paul Schweitzer von dem International Monetary Fund und George Ball (CFR) von Lehman Brothers.

Nicht jeder, der die geheimen Treffen der Bilderberger besucht, ist ein Insider. Doch ist es nur Männern der Linken erlaubt, an den privaten Treffen nach der allgemeinen Sitzung teilzunehmen. Die bekannten sozialistischen Parteien Europas sind zahlreich vertreten — ein weiteres Beispiel für die Verknüpfung von Vertretern der Hochfinanz mit den angeblichen Führern des Proletariats. Die Richtlinie der Bilderberger-Politik wird nicht von den Teilnehmern der Konferenzen festgelegt, sondern von der Elite des Steuerungskomitees der Insider, welches sich aus 24 Eu-

Abb. 8 Prinz Bernhard der Niederlande, Führer der Bilderberger-Bewegung, konferiert mit Präsident Nixon. Prinz Bernhard arbeitet heute mit den Rothschilds und den Kommunisten eines elitären Welt-Superstaates.[10] Bernhard hält jährlich geheime Treffen mit hohen US-Offiziellen, -Bankiers und -Industriellen ab, um Pläne für die Verschmelzung der USA mit der Sowjetunion zu einer Weltregierung auszuarbeiten. Nach dem letzten Treffen wertete Nixon den Dollar ab und trat mit Rot-China in Handelsbeziehungen.

Abb. 9 + 10 Edmond (oben) und Guy de Rothschild, Führer des französischen Rothschildclans. Die Rothschilds sind geschäftlich (Royal Dutch Shell) sehr eng mit Prinz Bernhard und mit der Bildung einer Welt-Superregierung im Verein mit den Sowjets verbunden. Die *Time* vom 20. Dezember 1963 sagt über Guy: »Guy ist Zoll für Zoll ein Rothschild. Er personifiziert vieles, wofür der Name der Familie steht. ‚Er ist ein Freund und Vertrauter einiger französischer Politiker.' ‚Am meisten widmet er sich der Vergrößerung und dem Gedeihen seiner Bank.' ‚Guy führt den vielseitigen Clan der modernen Rothschilds.« Edmond ist angeblich der reichste der französischen Rothschilds. Schätzungen zufolge hat er ein Vermögen von 500 Millionen Dollar.

ropäern und 15 Amerikanern zusammensetzt. Unter den Amerikanern von einst und jetzt aus dem Bilderberger-Steuerungskomitee finden wir: George W. Ball, Gardner Cowles, John J. Ferguson, Henry J. Heinz II., Robert D. Murphy, David Rockefeller, Shepard Stone, James D. Zellerbach, Emelio G. Collado, Arthur H. Dean, Gabriel Hauge, C. D. Jackson, George Nebolsine, Dean Rusk und General Walter Bedell Smith. Diejenigen, die der geschichtlichen Zufallstheorie verhaftet sind, werden es dem Zufall zuschreiben, daß die eben genannten Mitglieder des Bilderberger-Steuerungskomitees auch Mitglieder des CFR sind oder waren.

Der Bilderberger-Beratungsausschuß liegt näher am Kern der Organisation als der Lenkungsausschuß. Folgende Amerikaner sind in diesem Beratungsausschuß: Joseph E. Johnson, Dean Rusk, Arthur H. Dean, George Nebolsine, John S. Coleman, General Walter Bedell Smith und Henry J. Heinz II., ebenfalls alle Mitglieder des CFR.

Wenn Zusammenkünfte führender Parlamentarier der Welt und internationaler Industriemagnaten, auf denen Pläne über Auslandspolitik der jeweiligen Nationen diskutiert werden, geheimgehalten werden, sollte man doch annehmen, daß dies von den Massenmedien mit Empörung konstatiert wird. Man dürfte erwarten, daß Walter Cronkite [einer der berühmtesten amerikanischen Fernsehnachrichtensprecher] darüber vor Zorn toben würde oder daß die *New York Times* mit Nachdruck das »Recht der Öffentlichkeit auf Information« verlangen würde. Stattdessen lassen Presse und Fernsehen die Bilderberger unerwähnt und lenken die Aufmerksamkeit der Öffentlichkeit auf

Nebensächlichkeiten. Da die Bilderberger der Linken zugeordnet werden (oder, wie die Liberalen sagen würden, »progressiv« sind), läßt man sie ungestört für 1984 planen. Es ist wohl auch dem Einfluß Rockefellers auf die Massenmedien zuzuschreiben, daß wohl jeder schon etwas von der John Birch Society*) gehört hat und die Bilderberger-Gruppe nahezu unbekannt ist.

Bis zum heutigen Tag fanden 29 Bilderberger-Treffen statt. Sie dauern gewöhnlich 3 Tage und werden in abgelegenen, aber erstklassigen Quartieren abgehalten. Die Teilnehmer sind alle am selben Ort untergebracht und werden durch ein engmaschiges Sicherheitsnetz geschützt. Beschlüsse werden gefaßt, Resolutionen angenommen, Aktionspläne initiiert, aber es dringt kaum etwas an die Öffentlichkeit. Die Presse ist natürlich nicht zugelassen, obwohl gelegentlich eine kurze Pressekonferenz am Ende eines Treffens abgehalten wird, auf der den Journalisten eine sehr allgemein gehaltene Version über den Inhalt der Besprechung gegeben wird. Wo kein Anlaß besteht, braucht nichts verheimlicht zu werden. Die Ford-, Rockefeller- und Carnegie-Stiftungen finanzieren diese Treffen nicht ohne Grund.

Das jüngste Treffen fand in Laurance Rockefellers Woodstock Inn, einem Gasthaus in Woodstock, Vermont, am 23., 24. und 25. April 1971 statt. Die einzige Zeitung, die einen stichhaltigen Bericht über das Treffen brachte, war offensichtlich der *Herald* aus Rutland, Vermont, des-

*) Die John Birch Society ist eine sehr bekannte Gesellschaft in den USA, die allgemein als faschistisch und rassistisch dargestellt wird. Sie wird von den Massenmedien ständig als Unruhequelle und als rechtsradikale Vereinigung bezeichnet. Begründer: Robert Welch.

sen Reporter in den Besitz einer flüchtigen Information gelangen konnte. In seinem Artikel vom 20. April 1971 heißt es:

> »Eine fast undurchdringliche Mauer des Schweigens wurde um die Konferenz gezogen. Ein Treffen hinter geschlossenen Türen wurde letzte Woche in Woodstock abgehalten, um einige wenige örtliche Beamte über die Zwecke der Konferenz zu informieren. Ein Teilnehmer des Treffens betonte am Montag nachdrücklich, das Treffen sei eine ‚Internationale Friedenskonferenz', wie man informiert worden sei. Andere zuverlässige Quellen behaupten jedoch, die Konferenz hätte mit der internationalen Finanz zu tun. Das Woodstock-Gasthaus wird augenscheinlich wie Fort Knox abgeschirmt. Keine Presseberichterstattung ist erlaubt, mit Ausnahme der Veröffentlichung einer Erklärung zum Abschluß des Treffens am Sonntag.«

Als Prinz Bernhard auf dem Logan-Flugplatz in Boston ankam, gestand er den Reportern, das Thema der Konferenz sei die »Veränderung der Rolle der Vereinigten Staaten in der Welt« gewesen. Ist es nicht hervorragend, zu wissen, daß die Rolle Amerikas durch Prinz Bernhard, Rothschild und Rockefeller verändert wird? Das ist wahre Demokratie in Aktion, wie uns vorgegaukelt wird. Anwesend auf dem Schauplatz war auch der CFR-Rockefeller-Laufbursche und Präsidentenberater in auswärtigen Angelegenheiten Henry Kissinger, um die Befehle für Mr. Nixon zu überbringen. Kurz nach dem Woodstock-Treffen geschahen zwei unheilverkündende und »rollenverändernde« Ereignisse: Henry Kissinger ging nach Peking und arrangierte die Aufnahme von Rot-China in die Familie der handeltreibenden Nationen, und es entwickelte sich eine internationale Währungskrise, die zur Abwertung des Dollars führte. Der britische Politiker und Rothschild-Vertraute Benjamin Disraeli schrieb in *Coningsby:* »Sie sehen also, mein lieber Coningsby, daß die Welt von ganz anderen Persönlichkeiten regiert wird, als es sich jene, die nicht hinter der Bühne stehen, vorstellen.«

6. KAPITEL

ENTWICKLUNGSHILFE FÜR MOSKAU — EIN GUTES GESCHÄFT

Die bedeutendsten Amerikaner unter den Persönlichkeiten, die im Hintergrund den Lauf der Welt beeinflussen, sind die Rockefellers. Der Rockefeller-Clan hat Berichten zufolge seit den 1880er Jahren mit den Rothschilds und deren Agenten zusammengearbeitet. Damals erreichte es der clevere und geschäftstüchtige John D. Rockefeller, für jedes Faß Öl, das er und seine Konkurrenten auf den von Kuhn-Loeb & Co. kontrollierten Pennsylvania- und Baltimore & Ohio-Eisenbahnen verfrachteten, einen Rabatt zu bekommen. Es war seit jeher eine gewinnbringende Partnerschaft zwischen den Rockefellers und den Rothschilds, obwohl es anscheinend Zeiten gab, in denen sich die beiden Finanzdynastien bekämpften.

Die Verbindung der Rockefellers mit ihren angeblichen Hauptgegnern, den Kommunisten, geht bis zur Zeit der bolschewistischen Revolution zurück. Während der 1920er Jahre etablierte Lenin seine »Neue Ökonomische Politik« (derselbe Ausdruck, den Mr. Nixon auf sein Lohn-Preis-Paket anwandte); zur selben Zeit wurden auch die angeblich verhaßten Kapitalisten nach Rußland eingeladen.

Die Insider des Council on Foreign Relations begannen kurz nach der Revolution mit aller Kraft, das kommunistische Rußland für die US-Geschäftswelt zu erschließen. Zu jener Zeit war jedoch die öffentliche Meinung so sehr gegen die Bolschewiken und deren Barbarei aufgebracht, daß die offizielle Politik der US-Regierung sich nicht mit den Absichten des CFR befassen konnte. Die USA hatten die Bolschewiken bis 1933 nicht offiziell anerkannt. In der Zwischenzeit war die sowjetische Wirtschaft zu einem Trümmerfeld geworden, und die Bevölkerung litt Hunger. Der Kommunismus wäre zusammengebrochen, hätte er keine Hilfe von den Insidern bekommen. Die Bolschewiken wurden tatsächlich von ihrem Zusammenbruch von Herbert Hoover (CFR) bewahrt, der Geld für Nahrungsmittel aufbrachte, das Lenin und seine Leute sich für ihre eigenen Zwecke aneigneten. Sie bewerkstelligten damit die Unterwerfung der hungernden Bauern, die bis dahin den neuen Machthabern Widerstand geleistet hatten. Während Hoovers »humane« Geste das Sowjetregime rettete, herrschte in der sowjetischen Wirtschaft nach wie vor ein völliges Chaos. Jetzt traten die Vanderlips, Herrimans und Rockefellers in Aktion. Einer der ersten war Frank Vanderlip, Agent der Rockefellers, einer der Jekyl-Island-Verschwörer und Präsident der Rockefeller National City Bank. Er verglich Lenin mit George Washington[1].

Ivy Lee, Agent der Rockefellers für Öffentlichkeitsarbeit, sollte auf deren Geheiß der amerikanischen Öffentlichkeit weismachen, daß die Bolschewiken nur mißverstandene Idealisten und in Wirklichkeit freundliche Wohltäter der Menschheit seien.

Professor Antony Sutton von der Hoover-Institution der Stanford Universität bemerkt in seinem Buch *Western Technology and Soviet Development* zutreffen:

> »Wie vorauszusehen, kommt Lee 180 Seiten später zu dem Schluß, daß das kommunistische Problem nur ein psychologisches wäre. Bei der Gelegenheit spricht er über die 'Russen' (nicht die Kommunisten) und

kommt zu der Überzeugung, 'daß sie alle in Ordnung sind'. Er schlägt vor, daß sich die Vereinigten Staaten nicht zur Propaganda engagieren sollten, plädiert für eine friedliche Koexistenz und hält es für eine gute Politik der USA, die UdSSR anzuerkennen und die Kredite zu erhöhen.«[2]

Nach der bolschewistischen Revolution kaufte Standard of New Jersey 50% der riesigen kaukasischen Ölfelder von Nobel, obwohl der Besitz theoretisch verstaatlich worden war.[3]

Im Jahre 1927 baute Standard Oil of New York in Rußland eine Raffinerie und half somit den Bolschewiken, ihre Wirtschaft wieder zu sanieren. Professor Sutton erklärt: »Dies war die erste Investition der Vereinigten Staaten nach der Revolution.«[4]

Kurz darauf entschlossen sich Standard Oil of New York und ihre Tochtergesellschaft Vacuum Oil Company, das sowetische Öl in europäische Ländern zu vermarkten. Es wurde berichtet, daß ein Darlehen von 75 Millionen Dollar an die Bolschewiken möglich gemacht wurde.[5]

Wir konnten nicht herausfinden, ob Standard Oil nur theoretisch von den Kommunisten enteignet worden ist. Sutton schreibt:

> »Nur die dänischen Telegraphen-Konzessionen, die japanischen Fisch-, Kohl- und Öl-Konzessionen sowie der Standard-Oil-Pachtvertrag blieben nach 1935 bestehen.«[6]

Wo auch immer die Standard Oil hinging – die Chase National Bank folgte ihr. (Rockefellers Chase Bank wurde später mit der Warburgschen Manhattan Bank verbunden, um die gegenwärtige Chase Manhattan Bank zu bilden.) Bei der Gründung der amerikanisch-russischen Handelskammer im Jahre 1922, die zur Rettung der bolschewistisch-sowjetischen Wirtschaft erfolgte, war die Chase National Bank maßgebend beteiligt. Präsident dieser Kammer war Reeve Schley, ein Vizepräsident der Chase National Bank.[7] Dazu Professor Sutton: »Im Jahre 1925 gingen die Verhandlungen zwischen Chase- und Prombank über die Finanzierung von Rohmaterialien hinaus, und sie entwarfen ein vollständiges Programm zur Finanzierung von sowjetischen Rohmaterial-Exporten an die USA und von Importen amerikanischer Baumwolle und Maschinen.«[8] Sutton berichtet auch, daß »die Chase National Bank und die Equitable Trust Company die Leitpferde im sowjetischen Kreditgeschäft waren.«[9]

Rockefellers Chase National Bank war auch am Verkauf bolschewistischer Obligationen an die USA im Jahre 1928 beteiligt. Patriotische Organisationen kritisierten diese Bank als ein »internationales Hehler-Nest«. Die Chase sei ein »Schandfleck für Amerika ... sie schrecke vor nichts zurück, nur um ein paar Dollar Profit zu machen.«[10] Kongreßmitglied Louis McFadden, Vorsitzender des House Banking Committee, erklärte in einer Rede vor dem Kongreß:

> »Die Sowjetregierung erhielt durch den Federal Reserve-Ausschuß und die Federal Reserve Bank, unter Zwischenschaltung der Chase Bank und der Guaranty Trust Company in New York City, Fonds des Schatzamtes der Vereinigten Staaten ...
>
> ... Öffnen Sie die Bücher von Amtorg, der Handelsorganisation der Sowjetregierung in New York, von Gostorg, dem Generalbüro der sowjetischen Handels-

> organisation und der Staatsbank der Sozialistischen Sowjetrepubliken, und Sie werden verblüfft sein, wieviel amerikanisches Geld aus der Staatskasse der Vereinigten Staaten zu Gunsten Rußlands entnommen wurde. Finden Sie heraus, welche Transaktionen für die Staatsbank von Sowjet-Rußland durch ihren Korrespondenten, der Chase Bank von New York, durchgeführt wurden; ...«[11]

Nicht allein die Rockefellers waren offensichtlich an der Finanzierung des kommunistischen Armes der Insider-Verschwörung beteiligt. Laut Professor Sutton: »... gibt es einen Bericht in den Akten des State Department, der Kuhn-Loeb & Co. als Finanzier des ersten Fünf-Jahres-Planes nennt.«[12]

Professor Sutton weist in seinem dreibändigen Geschichtswerk über die sowjetische technologische Entwicklung überzeugend nach, daß die Sowjetunion – im wahrsten Sinne des Wortes – von den Vereinigten Staaten hergestellt wurde. Sutton zitiert einen Bericht von Averell Harriman an das State Department vom Juni 1944, in dem dieser erklärt:

> »Stalin zollte seine Anerkennung für die Hilfe, die ihm von den Vereinigten Staaten für die Sowjetindustrie vor und während des Krieges gewährt wurde. Er sagte, daß ungefähr zwei Drittel aller großen Industrie-Unternehmen in der Sowjetunion mit Hilfe der Vereinigten Staaten oder durch deren technischen Beistand gebaut wurden.«[13]

Man bedenke, daß zu dieser Zeit die Sowjets bereits ein ausgedehntes Spionage-Netz in den USA unterhielten und die kommunistische Zeitung *Daily Worker* regelmäßig zur Vernichtung unserer Freiheit und zur Sowjetisierung Amerikas aufrief. Sutton zeigt, daß es kaum einen Teil in der sowjetischen Wirtschaft gibt, der nicht das Ergebnis der Übertragung von westlicher, insbesondere amerikanischer Technologie, ist.

Dies alles kann nicht nur ein Ergebnis des Zufalls sein. Fünfzig Jahre lang hat die Federal Reserve CFR-Rockefeller-Insider-Gruppe zu einer Politik geraten und ihre Ausführung bewirkt, die auf eine Vergrößerung der Macht der Sowjetunion zielte. Inzwischen gibt Amerika jährlich 75 Millionen Dollar für die Verteidigung aus, um sich vor einem Feind zu schützen, den die Insider unterstützen. Was in der Vergangenheit galt, gilt heute noch viel mehr. Bei der Förderung technologischer Subventionen und der Steigerung der Hilfeleistungen und des Handels mit den Kommunisten ist das CFR führend.

Präsident Lyndon B. Johnson, ein Mann, der im Grunde genommen jede strategische Position in seiner Regierung einem CFR-Mitglied zugewiesen hatte, sagte am 7. Oktober 1966:

> »Wir beabsichtigen, auf gesetzlich verankerte Vollmachten zum Aushandeln von Handelsabkommen zu drängen, bei denen die Zolltarife für die meistbegünstigten Nationen auf die kommunistischen Staaten Europas ausgedehnt werden können. Wir werden die Export-Kontrolle des Ost-West-Handels mit Rücksicht auf hunderte nichtstrategischer Artikel reduzieren.«

Die *New York Times* berichtete eine Woche später am 13. Okt. 1966:

> »Die Vereinigten Staaten setzten heute einen der Vorschläge von Präsident Johnson zur Belebung des Ost-West-Handels durch Beseitigung der Beschränkungen

> beim Export von mehr als 400 Verbrauchsgütern in die Sowjetunion und nach Ost-Europa in Kraft. Unter den Kategorien, aus denen die Posten für die Export-Lockerung ausgewählt wurden, sind Gemüse, Getreide, Trockenfutter, Felle, roher und bearbeiteter Gummi, Papier-Brei und Altpapier, Textilien und Textilfasern, roher Kunstdünger, Metall-Erz und Schrott, Petroleum, Benzin und Devirate, chemische Zusammensetzungen und Produkte, Farbstoffe, Medikamente, Feuerwerkskörper, Reinigungsmittel, Plastik-Materialien, Metallprodukte und Maschinen, sowie wissenschaftliche und berufliche Instrumente.«

Im Grunde genommen findet jeder dieser »nichtstrategischen« Posten eine direkte oder indirekte Verwendung im Krieg. Später wurden solche Posten wie Gewehrreinigungsmittel, elektronische Ausrüstungsteile und Radargeräte als »nichtstrategisch« erklärt und für die Verschiffung in die Sowjetunion freigegeben. Mit einem Trick wurde die Export-Kontrolle umgangen. Ein Maschinengewehr zum Beispiel wird nach wie vor als »strategisch« bezeichnet und darf daher nicht an die Kommunisten geliefert werden. Die Werkzeuge zur Herstellung von Maschinengewehren und die Chemikalien für die Treibladung der Geschosse wurden jedoch als »nichtstrategisch« erklärt. Inzwischen sind nahezu 50 000 Amerikaner in Vietnam gefallen. Der Vietkong und die Nordvietnamesen erhalten 85% ihres Kriegsmaterials von Rußland und den Nationen des sowjetischen Blocks. Da deren Wirtschaftspotential nicht ausreicht, braucht der kommunistische Arm der Verschwörung von dem kapitalistischen Arm Hilfe. Die Vereinigten Staaten haben beide Seiten dieses schrecklichen Vietnamkrieges finanziert und ausgerüstet. Es besteht daher eine indirekte Mitschuld am Tod der eigenen Soldaten. Auch dies haben die Berichterstatter der Massenmedien der amerikanischen Öffentlichkeit unterschlagen.

Es überrascht nicht, daß die Rockefellers die Hauptrolle in diesem blutigen Geschäft spielten. Eine unglaubliche Tatsache war Gegenstand eines Artikels, der am 16. Jan. 1967 die Titelseite der Establishment-Tageszeitung *New York Times* schmückte. Unter der Überschrift »Eaton verbindet sich mit den Rockefellers, um den Handel mit den Roten anzukurbeln«, heißt es:

> »Eine Allianz des Familienvemögens, verbunden mit Wall Street und Midwest, schickt sich an, Wirtschaftsbrücken zwischen der freien Welt und dem kommunistischen Europa zu bauen.
> Die International Basic Economic Corporation, von den Gebrüdern Rockefeller kontrolliert, und die Tower International Inc., geführt von Cyrus S. Eaton jr., Cleveland-Finanzier, planen eine Zusammenarbeit in der Förderung des Handels zwischen den Ländern des Eisernen Vorhangs, einschließlich der Sowjetunion.«

Die International Basic Economic Corporation (IBEC) wird von Richard Aldrich, einem Enkel des Federal-Reserve-Intriganten Nelson Aldrich, und Rodman Rockefeller (CFR), Nelson Rockefellers Sohn, geleitet. Am 20. Oktober 1969 gab die IBEC bekannt, daß N. M. Rothschild & Söhne aus London in eine Partnerschaft mit der Firma eingetreten seien.

Cyrus Eaton jr. ist der Sohn des offenkundig pro-sowjetischen Cyrus Eaton, der seine Karriere als Sekretär bei John D. Rockefeller begann. Man nimmt an, daß Eatons Aufstieg zur Macht im Finanzwesen das Resultat der Unterstützung durch seinen Mentor ist. Das Abkommen zwischen Tower International und IBEC setzt eine alte Allianz fort. Obwohl Eatons Name nicht auf der Mitgliedsliste des CFR erscheint, stellte das Reece Committee fest, daß er ein geheimes Mitglied war.

Unter den »nichtstrategischen« Posten, die Rockefeller und Eaton für die Kommunisten aufstellten, sind unter anderem zehn Gummiwaren-Fabriken sowie zwei Werke für synthetische Gummiherstellung im Gesamtwert von 200 Millionen Dollar. Mr. Eaton äußert sich dazu in einem Artikel in der *Times:* »Diese Leute bauen neue Automobilwerke und brauchen dazu auch Reifenfabriken.« Unter der Nixon-Regierung, die entgegen ihren Wahlkampfversprechungen den Handel mit den Roten um das Zehnfache steigerte, bauten amerikanische Konzerne die größte Lastwagenfabrik der Welt für die Kommunisten. Lastwagen sind notwendig für die Kriegsmaschinerie einer Nation und können für die Produktion von Panzern umgebaut werden, wie das während des Zweiten Weltkrieges gemacht wurde. Zusätzlich errichteten die Rockefellers und Eatons ein 50 Millionen Dollar-Aluminium-Werk für die Roten. Aluminium wird zur Herstellung von Düsenjägern verwandt, wurde aber von der Johnson-Nixon-Doktrin als »nichtsrategisch« bezeichnet.

Noch unglaublicheres berichtet die *Times:*

> »Im letzten Monat traf Tower International ein provisorisches Abkommen mit der sowjetischen Patent- und Lizenz-Organisation Licensintorg über die zukünftigen Transaktionen von Lizenzen und Patenten. Bis heute — so Eaton — überließen die Russen das

Abb. 11 Nelson Rockefeller begrüßt Chruschtschow, den berüchtigten »Schlächter« von Budapest. Die Rockefeller- und Eaton-Familien haben nun ihre Macht vereinigt, um Rüstungsbetriebe hinter dem Eisernen Vorhang zu bauen, so daß die Kommunisten eine größere Bedrohung für die USA werden können. Amerika gibt jährlich angeblich 70 Millionen Dollar für seine Verteidigung aus — und die Rockefellers bauen Aluminium-Fabriken für die Kommunisten. Nur das Fehlen einer formellen Kriegserklärung in Vietnam schützt die Eatons und Rockefellers davor, dem Volksverrat überführt zu werden. An ihren Händen klebt das Blut von nahezu 50 000 amerikanischen Soldaten.

Abb. 12 Wenn die kommunistischen Diktatoren die USA besuchen, besuchen sie nicht die Arbeiter- oder Gewerkschaftsführer, sondern pflegen ihre freundschaftlichen Beziehungen zu industriellen Führern. Es gibt nur wenige Versuche der roten Diktatoren, sich mit der Arbeiterklasse zu identifizieren. Hier begrüßt Nikita Chruschtschow den anerkannt pro-kommunistischen Industriellen Cyrus Eaton. Eaton begann seine Karriere als Sekretär von John D. Rockefeller, und man nimmt an, daß die Rockefeller-Familie zum größten Teil für seinen Aufstieg verantwortlich ist.

Kaufen und Verkaufen von Lizenzen und Patenten der Amtorg Trading Corperation, der offiziellen sowjetischen Agentur in diesem Land zur Förderung des sowjetisch-amerikanischen Handels.«

Dies bedeutet, daß die Rockefellers und Eatons ein Monopol auf die Übertragung technologischer Errungenschaften auf den angeblichen Feind der Kapitalisten, die Sowjetunion, haben. Die *Times* schreibt weiter:

»Mr. Eaton bestätigte die Schwierigkeiten, denen die Amtorg-Beauftragten begegneten, als sie versuchten, Lizenzabkommen mit amerikanischen Gesellschaften zu arrangieren. 'Wie Sie sich vorstellen können', sagte er, 'ist es für einen Russen beinahe unmöglich, in die Forschungs-Abteilung einer amerikanischen Luftfahrt-Gesellschaft zu gehen und den Ankauf eines Patentes zu arrangieren.'«

Jeder normale Amerikaner wird es für unwahrscheinlich halten, daß ein Russe in unsere Verteidigungsanlagen gelangen kann, um dort ein Patent zu kaufen; die Rockefellers und die Eatons haben dieses Problem für die Kommunisten gelöst. Anstatt mit den offiziellen Agenturen der Sowjetregierung stehen nun die amerikanischen Unternehmen mit den Rockefellers in Geschäftsverbindung. Viele der 50 000 amerikanischen Vietnam-Opfer wurden durch Waffen getötet, die die Rockefellers direkt oder indirekt an unsere erklärten Feinde lieferten. Läge eine formelle Kriegserklärung vor, wären die Rockefellers offiziell des Verrates schuldig.

Da die Rockefellers Patente für die Kommunisten ankaufen und so den Sowjets die Massenproduktion amerikanischer Entwicklungen ermöglichen, sind sie mitverantwortlich für den Aufbau sowjetischer Militärmaschinerie. Diese technologische Entwicklungshilfe ist von größerer Bedeutung, als der unmittelbare Verkauf von Waffen. Ein Verfahren, für dessen Entwicklung ein amerikanisches Unternehmen vielleicht ein Jahrzehnt benötigt, wird den Kommunisten gebrauchsfertig vermittelt. Nur Mr. Rockefeller und die Insider sehen offenbar einen Sinn darin, 75 Milliarden Dollar jährlich für die Landesverteidigung auszugeben und auf der anderen Seite vorsätzlich das Kriegspotential eines erklärten Feindes zu verstärken.

Seitdem die Rockefellers sich vertraglich verpflichtet haben, Patente für die Sowjets zu arrangieren, sind sie definitiv kommunistische Agenten. Wäre es nicht richtiger, die Kommunisten als Rockefeller-Agenten zu definieren? Bezeichnend dafür war ein befremdendes Ereignis im Oktober 1964. David Rockefeller, Präsident der Chase Manhattan Bank und Vorsitzender des CFR, verbrachte seinen Urlaub in der Sowjetunion. Ein seltsames Ferienziel für den größten »Imperialisten« der Welt, zumal in der kommunistischen Propaganda viel davon die Rede ist, Leute wie Rockefeller zu enteignen und ihren Besitz unter das Volk zu verteilen. Einige Tage, nachdem Rockefeller seine »Ferien« beendet hatte, erhielt Nikita Chruschtschow noch während seines Ferien-Aufenthaltes am Schwarzen Meer die Mitteilung, daß er gestürzt worden sei. Ein merkwürdiger Zufall! Bis dahin galt Chruschtschow als der absolute Diktator der Sowjetunion in seiner Funktion als Führer der Kommunistischen Partei Rußlands. Wer hat die Macht, einen solch mächtigen Mann zu stürzen? Welchen tatsächlichen Zweck hatte Rockefellers Reise? Offensichtlich ist die Position des ersten Mannes der Sowjetunion nur Dekoration, und die wahre Macht sitzt anderswo, vielleicht in New York.

Seit fünf Jahrzehnten richtete sich die Propaganda der Kommunisten gegen Kapitalisten wie Rockefeller, dennoch stellen wir fest, daß die Rockefellers bereits ebenso lange am Aufbau der sowjetischen Verteidigungsmacht beteiligt sind. Die Öffentlichkeit soll glauben, dieser Handlungsweise der internationalen Kartellisten läge nur ihre Geschäftstüchtigkeit und eine Unkenntnis der Sachlage zugrunde. Worin sollte die Logik hierbei bestehen? Eine Unkenntnis der Sachlage ist den Rockefellers ganz gewiß nicht zu unterstellen.

Während David die finanziellen Ziele der Rockefeller-Dynastie verfolgt, geht Nelson Rockefeller den politischen nach. Er würde gern Präsident der Vereinigten Staaten werden. Unglücklicherweise wird er jedoch von der Mehrheit der Mitglieder seiner eigenen Partei nicht akzeptiert. Wenn er schon nicht selbst Präsident werden konnte, so wollte Rockefeller doch die Kontrolle über den Präsidenten erreichen. Er und Präsident Nixon sind angeblich erbitterte politische Widersacher, was in gewissem Sinne auch zutrifft. Doch wird dadurch der Anspruch Rockefellers auf eine Kontrolle über Nixon keineswegs ausgeschlossen. Als beide im Jahre 1968 um die republikanische Nominierung wetteiferten, wäre Rockefeller natürlich gerne als Sieger aus diesem Kampf hervorgegangen. Unabhängig vom Ausgang dieser Angelegenheit stand jedoch für ihn fest, daß er das höchste Amt in diesem Land kontrollieren würde.

Wie man sich erinnert, flog Richard Nixon während der Aufstellung des republikanischen Parteiprogramms 1960 plötzlich nach New York, um Nelson Rockefeller zu treffen, was Barry Goldwater als das »Münchner Treffen der Republikanischen Partei« beschrieb. Für ein Treffen Nixons mit Rockefeller bestand keinerlei politischer Grund, da Nixon seine Nominierung bereits in der Tasche hatte. Der *Chikago Tribune* witzelte darüber, es sei genauso, als hätte sich Grant an Lee ausgeliefert. [Im amerikanischen Bürgerkrieg war Grant der Kommandeur der siegreichen Nordstaaten und Lee der unterlegenen Südstaaten].

In seinem Buch *The Making of the President,* 1960 erschienen, bemerkt Theodor White, daß Nixon sämtliche Bedingungen Rockefellers für dieses Treffen akzeptierte, einschließlich der Klauseln, »daß Nixon persönlich bei Rockefeller anruft und um ein Treffen bittet; daß sie sich im Appartement Rockefellers treffen, daß ihr Treffen geheim sei und spätere durch eine Presseveröffentlichung vom Gouverneur — nicht Nixons — bekannt gemacht werde; daß man ganz klar daraufhinweisen werde, daß das Treffen auf Betreiben des Vizepräsidenten erfolgte; daß die daraus hervorgehende Herausgabe einer politischen Erklärung lange, detailliert und umfassend sei und kein summarisches Kommuniequé.«

Ergebnis dieses Treffens war der berüchtigte »Compact oft Fifth Avenue« [Abkommen der Fünften Avenue], durch das die republikanische Plattform verworfen und durch Rockefellers sozialistische Pläne ersetzt wurde. Das *Wall Street Journal* kommentiert in seiner Ausgabe vom 25. Juli 1960: »... eine kleine Schar Konservativer innerhalb der Partei wurde aufs Nebengleis geschoben, die vierzehn Punkte sind in der Tat sehr liberal; sie bilden eine Plattform, die in vieler Hinsicht der demokratischen sehr ähnlich ist, und sie sind weit entfernt von dem, wofür nach Ansicht der konservativ denkenden Bevölkerungsschicht die republikanische Partei eigentlich eintreten sollte«. Dazu Theodor White:

> »Niemals wurde der alle vier Jahre stattfindende Abschuß der Linientreuen offener vollzogen, als dies beim Compact of Fifth Avenue der Fall war. Welche Ehren Nixon und Rockefeller sich durch ihre Dienste beim Plattform-Komitee auch immer hätten erwerben können, sie wurden hinweggewischt. Ein einziges Treffen der beiden Männer im Dreierappartement eines Millionärs im Babylon-by-the-Hudson, achthundertdreißig Meilen entfernt, genügte, sie beiseite zu schieben. Für die ganze Welt sichtbar wurden sie als Clowns bloßgestellt.«

Alles, was in Rockefellers Appartement besprochen wurde, wird wohl niemals bekannt werden. Wir können nur Vermutungen anstellen, gestützt durch die nachfolgenden Ereignisse. Aber offensichtlich ist, daß Mr. Nixon seit jener Zeit im Wirkungsbereich von Rockefeller steht.

Nach seiner knappen Niederlage gegen Kennedy trat Nixon — gegen seinen Willen und auf Ersuchen (oder Anordnung) von Rockefeller — bei der kalifornischen Gouverneurswahl an — und verlor. (Weitere Details siehe im Buch des Autors: *Richard Nixon: The Man Behind The Mask.)* Nach seiner Niederlage gegen Pat Brown bei der kalifornischen Gouverneurswahl im Jahre 1962 war Nixons politische Karriere scheinbar beendet, bevor sie begonnen hatte. Er verließ seine Rechtsanwaltspraxis in Kalifornien und ging nach New York, wo er als Nachbar von Nelson Rockefeller eine Wohnung bezog, für die er 100 000 Dollar Jahresmiete bezahlen mußte. Das Haus gehörte Rockefeller, seinem angeblichen Erzfeind. Dann trat Nixon in die Rechtsanwaltspraxis von John Mitchell ein, der Rockefellers persönlicher Anwalt war. Während der nächsten sechs Jahre war er dabei, seinen politischen Ruf auf zahlreichen Reisen im In- und Ausland wiederherzustellen. 1968 zog er wieder in den Wahlkampf um die republikanische Nominierung. Zu dieser Zeit vervielfachte sich nach eigener Darstellung sein Eigenkapital mehrmals und er wurde sehr wohlhabend. Nelson Rockefeller (und seine Kollegen vom liberalen Establishment des amerikanischen Osten) half, Nixon für die Konservativen akzeptabel zu machen, indem er ihn scheinbar bekämpfte. Er verhalf Nixon so zu erneuter politischer Beachtung und machte ihn zum Präsidenten der Vereinigten Staaten. Ergibt es nicht einen Sinn, daß Mr. Nixon, der Mann mit dem leidenschaftlichen Ehrgeiz, dessen Karriere zerstört schien, einen Handel abschließen mußte, um sein Ziel zu erreichen? Und machte er nicht massive politische Schulden als Gegenleistung dafür, daß er vom liberalen Etablishment des Ostens zum Präsidenten gemacht wurde?

Als Nixon Washington verließ, hatte er nach seiner eigenen Erklärung nur wenig mehr als einen alten Oldsmobile, den korrekten republikanischen Ruf seiner Frau Pat und eine Regierungspension. Während seiner Anwaltstätigkeit hatte er ein Einkommen von jährlich 200 000 Dollar, von dem mehr als die Hälfte für die Miete in Rockefellers Haus abging. Im Jahr 1968 gab er sein Eigenkapital mit 515 830 Dollar an, wobei er der Partnerschaft in seiner zunehmend florierenden Anwaltspraxis nur einen Wert von 45 000 Dollar zuwies. Es mag sein, daß der sparsame Mr. Nixon sein ihm nach Abzug der Steuern verbleibendes Anlagekapital von 858 190 Dollar in Vermögenswerten nur durch gewissenhaftes Sparen erwarb. Doch könnte es wiederum auch ein Teil des Handels von Nixon mit Rockefeller und den Insidern gewesen sein, daß seine persönlichen Armutsprobleme gelöst werden sollten. Der Präsident ist offensichtlich ein abhängiger Agent.

Der Mann, den die meisten Beobachter übereinstimmend für das einflußreichste Regierungsmitglied in innenpolitischen Angelegenheiten halten, ist Generalanwalt [Justizminister] John Mitchell. Mitchell, der zu Nixons Anwaltssozietät gehörte, diente als Wahlkampfmanager im Jahre 1968. Die Berichterstatter der Massenmedien haben Mitchells Bild als das eines Polizisten-Typs mit konservativer Neigung gezeichnet; es scheint jedoch, als sei er in Wirklichkeit nichts anderes als ein weiterere Rockefeller-Agent.

Das Programm, mit dessen Hilfe Nixon seine Wahl erreichte, versprach, Amerikas Rückzug vor dem Weltkommunismus zu stoppen. Trotz dieser Tatsache wies Nixon Henry Kissinger, der das Gegenteil von Nixons Standpunkt während seiner Wahlkampagne repräsentiert, eine Position zu, die genau betrachtet die des stellvertretenden Präsidenten ist. Wen könnte da Nixons gegensätzliche Haltung zu seinen Wahlversprechungen noch verwundern?

Was bewog Nixon dazu, einen Extrem-Liberalen zu seinem außenpolitischen Berater Nr. Eins zu erwählen? Das *Time*-Magazin berichtet, Nixon habe Kissinger deswegen zu dem mächtigsten Mann in seiner Regierung gemacht, weil er durch dessen schlagfertige Intelligenz auf einer Cocktailparty so sehr beeindruckt gewesen sei. Träfe diese banale Behauptung zu, wäre Nixon geradezu naiv-dumm. Dem ist nicht so. Die Ernennung Kissingers's wurde von Nelson Rockefeller arrangiert (Salt Lake City-*Desert News*, 27. März 1970). Kissinger diente fünf Jahre als Rockefellers persönlicher Berater in auswärtigen Angelegenheiten. Zum Zeitpunkt seiner Ernennung zählte er zum bezahlten Personal des CFR.

Präsident Nixons fantastische Kehrtwendung wurde von Lyndon B. Johnson im *Washington-Star* vom 1. Dezember 1971 bewundert. Die Zeitung berichtet: »Der frühere Präsident Lyndon B. Johnson bestätigt, daß Richard Nixon als republikanischer Präsident in der Lage war, einige Dinge zu vollbringen, die ein demokratischere Präsident nicht hätte schaffen können.«

»,Können Sie sich den Aufruhr vorstellen', fragte er während eines kürzlichen Interviews, 'wenn ich für den Ausschluß Taiwans aus den Vereinten Nationen verantwortlich gewesen wäre? Oder wenn ich weitreichende Preis- und Lohnkontrollen verhängt hätte?'«

»'Nixon hat es geschafft', stellte er mit einem anerkennenden Unterton in der Stimme fest. 'Wenn ich das versucht hätte, oder Truman, oder Humphrey oder irgendein Demokrat, man hätte uns vollkommen fertiggemacht.'«

Abb. 13 Nelson Rockefeller und Richard Nixon sind theoretisch politische Feinde. Rockefeller arrangierte jedoch die Wahl von 1968 so, daß wenn er selbst nicht Präsident würde, es jemand sein würde, den er kontrolliert. Die Rockefeller-Familie war seit der kommunistischen Revolution in Rußland durch ihre Chase Manhattan Bank und andere Einrichtungen schon immer der große Wohltäter der Sowjetunion. Während der Wahl-Kampagne versprach Nixon, die Verschiffung von Kriegsmaterial von Amerika nach Nord-Vietnam über den europäisch-kommunistischen Block zu stoppen, weil diese Lieferungen dazu verwendet würden, amerikanische Soldaten zu töten. Der größte Teil dieses Blockhandels wird jedoch von den Rockefellers kontrolliert, und Nixon selbst hat diesen Handel vervielfacht. Die Presse bewahrt — natürlich geschlossen — Stillschweigen über das in Vertretung vonstatten gehende Töten amerikanischer Soldaten.

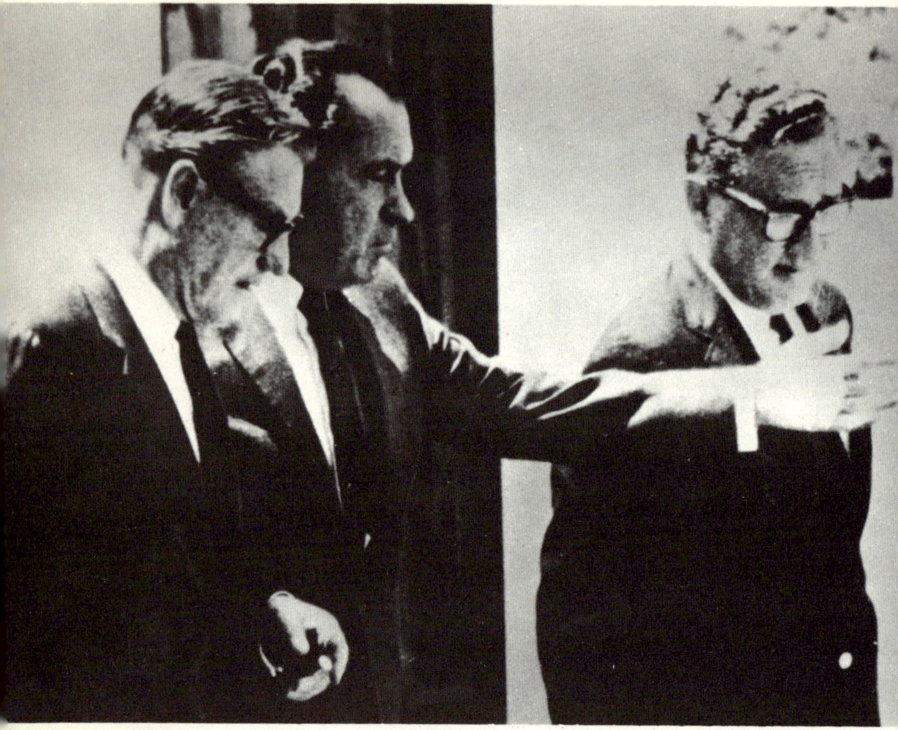

Abb. 14 Der Chef und seine zwei Angestellten, Rockefeller, Präsident Nixon und Kissinger — die drei Musketiere des CFR — konferieren. Kissinger wurde der eigentliche Präsidenten-Stellvertreter durch Rockefeller, dem er 12 Jahre gedient hatte. Kissinger gehörte auch zum Personal des CFR, kurz bevor er sich zu der Nixon-Regierung gesellte. Kissinger war die echte Verkörperung von all dem, was Nixon während seines Wahlkampfes 1968 heftig kritisierte. Das erklärt, warum Nixon seine Meinung in so vielen Standpunkten geändert hat. Unter denen, die Nixons links gerichtete Politik begrüßen, ist Alger Hiss, ein kommunistischer Spion, den Richard Nixon zu überführen half (*Chicago Tribune* 25. Okt. 1971). Es war der Fall Hiss, der Nixons Weg in den Senat, zur Vize-Präsidentschaft und schließlich ins Weiße Haus führte.

7. KAPITEL

HAT 1984 SCHON BEGONNEN?

Die offiziellen Meinungsmacher des Establishments haben eine wunderbare Arbeit geleistet, als sie von Richard Nixon das Bild eines Konservativen zeichneten. Nur – dieses Bild ist seit 20 Jahren nicht mehr aktuell. Der äußerst liberale Senator Hugh Scott aus Pennsylvania prahlte einmal vor einem Reporter: »Sie (die Liberalen) handeln, während die Konservativen sich mit der Rhetorik befassen.«[1] Richard Nixon wäre nicht gewählt worden, wenn er als Rockefeller-Liberaler kandidiert hätte. Man läßt ihn jedoch ungehindert als solchen regieren, da es bewußt versäumt wurde, die Öfentlichkeit auf diesen Tatbestand aufmerksam zu machen. Der liberale Kolumnist Stewart Alsop enthüllt jedoch in seinen Schriften den wahren Nixon. Er behauptet, würde Nixon nach seinen Taten anstatt nach seinem veralteten Image beurteilt, die Liberalen würden ihre Einstellung ihm gegenüber ändern. Wenn man den Liberalen nur unwillkürlich positive Reaktion auf den Namen Nixon ausreden könnte, so sagt Alsop, würden sie erkennen, wie weit links er politisch einzuordnen ist. Daher setzt Alsop im folgenden anstelle von Nixon einen hypothetischen »Präsidenten Liberal«:

> »Es fällt nicht schwer, sich die Reaktionen auf das Programm ‚Präsident Liberals' vorzustellen, säße in Wirklichkeit er im Weißen Haus. Die Rechte würde ihn wegen seines Rückziehers in Vietnam angreifen, wegen der Schwächung der amerikanischen Verteidi-

gung, seiner finanziellen Verantwortungslosigkeit und der galoppierenden Sozialisierung. Diese vier fundamentalen politischen Positionen würden von den Liberalen mit Hosianna begrüßt. Statt dessen haben die Liberalen den Präsidenten nur mit belanglosem Zeug überschüttet, während die meisten Konservativen in verdrossenem Schweigen verharrten. Auf diese Weise wurde der Regierung für ‚viel tatsächliches Erreichtes' nur ‚wenig Anerkennung' entgegengebracht. Aber es gibt spezielle Gründe dafür, die Pat Moynihan zu erwähnen versäumte.«[2]

Alsop erklärt weiter, wie Nixons Ruf, ein Feind der liberalen Demokraten zu sein, ihm half, gerade deren Programm durchzubringen:

»Vor allem besteht zwischen dem Präsidenten und seinen natürlichen Feinden, den liberalen Demokraten, eine Art unbewußter Verschwörung. Es wird nämlich verhehlt, in welchem Ausmaß das eigentliche Programm Nixons – ganz ohne Schnörkel und rhetorische Verzierungen – in Wirklichkeit das Programm der liberalen Demokraten ist. Nixon ist seit vierzig Jahren der erste Berufspolitiker und ‚echte Republikaner', der zum Präsidenten gewählt wurde, und es liegt nicht im Selbstinteresse der Liberalen, einem solchen Präsidenten für liberale Initiativen Anerkennung zu zollen. Ebenfalls liegt es nicht im Interesse des Präsidenten, seine konservative Wählerschaft zu riskieren, indem er zu der Auffassung ermutigt, er sei nach alldem überhaupt kein ‚echter Republikaner', sondern ein liberaler Demokrat auf

Raten. Es gibt eine Menge Beispiele von gemeinsamer Verdunklung, die aus dem gemeinsamen Interesse resultiert. Die Zurücknahme einer halben Million Soldaten aus Vietnam stellt wohl den größten Rückzug in der amerikanischen Geschichte dar. Der Präsident spricht jedoch davon, als ob dies ein militärischer Erfolg, eine zuverlässige Garantie für einen ‚gerechten und dauerhaften Frieden' sei. Wenn der Präsident – wie jeder Kommandeur eines Rückzuges – um seine schrumpfende Nachhut zu schützen, Zerstörungsaktionen vornimmt, heulen die Liberalen, daß er ‚dem Irrlicht militärischer Siege nachjage'. Wenn der Präsident die echte militärische Stärke schärfer beschneidet als in einem Vierteljahrhundert zuvor, attackieren ihn die Liberalen für das ‚Versäumnis von Prioritäten'. Der Präsident spielt immer dasselbe Spiel, wenn er rhetorisch eine ‚straffe Verteidigung' garantiert. Das Ergebnis ist, wie John Kenneth Galbraith kürzlich treffend bemerkte, daß die ‚meisten Leute und sogar die meisten Kongreßabgeordneten glauben, die Regierung sei dem Pentagon gegenüber viel nachsichtiger als gegenüber den Demokraten', was der Wahrheit genau entgegengesetzt ist.«

Alsop fährt in seiner Kolumne, die wohl eine der polemischsten ist, die jemals über Richard Nixon geschrieben wurde, fort, indem er die Öffentlichkeitsarbeit der Massenmedien als Umkehrung der Mehrheit bezeichnet:

»Es gibt auch ein menschliches Element bei dieser Praxis der gemeinsamen Verdunklung. Für die

Liberalen, speziell für die medienbeherrschenden Kommentatoren, ist Richard Nixon wie Dr. Fell. *(The reason why I cannot tell, but this I know full well, I do not like thee, Dr. Fell)*
Das ist nicht überraschend. Vor nicht allzu vielen Jahren war Richard Nixon einer der erfolgreichsten — und wenig beliebten — konservativen Berufsrepublikaner der McCarthy-Ära.«

Der Kolumnist, selbst Mitglied der sozialistischen Amerikaner für Demokratische Aktion (ADA), spekulierte darüber, was der »alte« Nixon über den »neuen« Nixon gesagt haben würde:

»... nach den Aufzeichnungen aus seiner Vergangenheit ist es nicht allzu schwer, sich R. M. Nixon vorzustellen, wie er den Präsidenten angreift wegen seines ‚Rückziehers', seiner ‚finanziellen Verantwortungslosigkeit', seiner ‚galoppierenden Sozialisierung' und des gesamten Restes. Denn wie könnte man von Mr. Nixon erwarten, das Präsident-Liberal-Programm mit einer solch leidenschaftlichen Überzeugung zu verteidigen, wie sie — sagen wir — ein Präsident Robert Kennedy der Verteidigung eines solchen Programms entgegengebracht haben würde?«[3]

Alsop hat den wahren Nixon offenbart und ist offensichtlich erfreut darüber. Diejenigen, die für Nixon gestimmt haben, dürften nicht ganz so erfreut sein. Wenn sie mit dem Richard Nixon sympathisierten, der sich um die Präsidentschaft bewarb, können sie konsequenterweise nicht den mögen, der Präsident ist. Nixon und seine »Gemäßigten« machten aus dem republikanischen Elefanten einen Esel in

Elefantenhaut. Am 19. Juni 1959 freute sich Vizepräsident Nixon hämisch: »Alles in allem erreichte die republikanische Regierung das, was die Demokraten versprachen.« Es sieht so aus, als würde das wieder passieren!

Eineinhalb Jahre früher hatte Nixon ein anderes Lied gesungen:

> »Wenn wir nichts anderes anzubieten haben als einen blassen Abklatsch des New Deal*), wenn es unsere einzige Absicht ist, die Macht zu gewinnen und festzuhalten, hat die Republikanische Partei nicht länger ihre Berechtigung zu existieren und sollte sich aus dem Geschäft zurückziehen.«[4]

Der Nixon – »Spielplan«, wie es Harvard-Professor John Kenneth Galbraith frohgemut nannte, ist der Sozialismus. Dieser »Spielplan« ist unendlich raffinierter und gefährlicher als der seiner Vorgänger, denn er maskiert sich als das Gegenteil von dem, was er ist.

Mr. Nixon ist sich darüber bewußt, daß die meisten Amerikaner die »große Regierung« fürchten. Eine Gallup-Umfrage von 1968 zeigte, daß die »große Regierung« die »größte Bedrohung für das Land ist«. Gallup kommentierte: »Obwohl die ‚große Regierung' für viele Jahre das Lieblingsziel der Republikaner war, beurteilt der größte Teil der Demokraten das Wachstum der staatlichen Macht beinahe genauso kritisch wie die Republikaner.«[5] Da Mr. Nixon diese Einstellung erkannte, blendete er in seine Wahlkampfreden vielfach Angriffe auf diese »große Regierung« ein. Unter der Nixon-Regierung wurden jedoch umfangreiche

*) New Deal: Die Wirtschaftspolitik Roosevelts seit 1933 zur Bekämpfung der Wirtschaftskrisen.

Schritte zu einer weiteren Konzentration der Autorität in der staatlichen Machtspitze unternommen (Siehe Karte 3, Seite 44).

Während er die Macht mit einer Geschwindigkeit zentralisierte, die Hubert Humphrey hätte schamrot werden lassen, fuhr Mr. Nixon fort, Lippenbekenntnisse für eine Dezentralisierung abzugeben. Während des ersten Jahres seiner Regierung gab Nixon seinen »Neuen Föderalismus« bekannt (der Name entstammt dem Titel eines Buches von Nelson Rockefeller). Der erste Teil dieses »Neuen Föderalismus« ist das Family Assistance Program (FAP) [Familien-Beistands-Programm], das – entgegen seinen Wahlversprechungen – ein garantiertes jährliches Einkommen vorsieht. Basierend auf den Vorschlägen von John Gardner vom CFR und Daniel Moyhinan, einem Mitglied des Direktionsausschusses der sozialistischen ADA, würde das FAP die Zahl der Wohlfahrtsempfänger verdoppeln und die Macht der bundesstaatlichen Regierung gewaltig steigern. Die linksgerichtete Wochenzeitung *New Republic* bejubelte den Vorschlag als »schleichenden Sozialismus«. Das zweite Hauptsegment des »Neuen Föderalismus« des Präsidenten ist die Einnahmeteilung mit den Ländern, deklariert als Schritt zur Dezentralisation der bundesstaatlichen Macht. Tatsächlich bewirkt dieses Programm genau das Gegenteil. Das Geld muß von den einzelnen Ländern erst nach Washington überwiesen werden, bevor es aufgeteilt werden kann. Wie der Kolumnist James J. Kilpatrick bemerkte: »... die Macht der Kontrolle ist dem Bundesdollar so sicher wie das Amen in der Kirche.« Sobald die Länderregierung und Gemeindeverwaltungen am Angelhaken der staatlichen Fonds hängen, wird die Kontrolle genauso eingeschaltet wie in den Bereichen der Erziehung und der Landwirtschaft. Jedes Gebiet, das die Regierung zu übernehmen sucht, wird zuerst subventioniert. Man kann die Macht der Regierung nicht dezentralisieren, indem man die Steuereinziehung zentralisiert.

Mr. Nixons Slogan »die Macht dem Volk« bedeutet in Wirklichkeit »die Macht dem Präsidenten«.

Der Vorsitzende des House Ways and Means Committee*) Wilbur Mills hat den Einnahmen-Teilungs-Plan eine »Falle« genannt, die »eine gewaltige Waffe gegen die Unabhängigkeit der Länderregierungen und Gemeindeverwaltungen werden kann. Der Plan geht in Richtung einer zentralisierten Regierung.« An seinem Bericht zur Lage der Nation im Jahre 1971 und der Rede, in welcher er den kommunistischen Slogan »die Macht dem Volk« gebrauchte, wird Nixons Cleverneß deutlich:

> »Wir in Washington werden schließlich dazu imstande sein, eine Regierung zu schaffen, die tatsächlich eine Regierung für das Volk ist. Ich verlange, daß nicht nur die Exekutive in Washington sich ändern muß, sondern selbst dieser Kongreß durch den Verzicht auf einen Teil seiner Macht.«[6]

Das klingt vernünftig. Die Exekutive und der Kongreß geben einen Teil ihrer Macht zugunsten des Volkes ab. Das

*) House Ways and Means: Der amerikanische Kongreß ist in den Senat und das Repräsentanten-Haus unterteilt. Beide sind weiterhin in Komitees aufgegliedert. Eine neue Gesetzesvorlage muß ein Komitee passieren, bevor im Senat darüber abgestimmt werden kann. Das House Ways and Means Committee ist einer der zwei oder drei mächtigsten und beschäftigt sich mit den Mitteln und Wegen zur Errichtung von Einkommensquellen für die Staatsausgaben.

ist jedoch nichts anderes als verbale Geschicklichkeit. Man beachte die Präzision in Nixons Ausdrucksweise. Er sprach konkret von der Exekutive »in Washington«. Drei Tage später wurde klar, warum Nixon dieses scheinbar überflüssige »in Washington« hinzugefügt hatte, als nämlich bekanntgegeben wurde, daß das Land in 10 bundesstaatliche Distrikte eingeteilt wird. Diese Distrikte sollten bald dazu gebraucht werden, die Lohn- und Preiskontrolle durchzuführen und so fast alle Macht über die Wirtschaft bei der Bundesregierung zu zentralisieren.

Der schockierendste Moment dieser Entwicklung war für viele politische Beobachter das Eingeständnis von Präsident Nixon gegenüber dem Journalisten Howard K. Smith, daß er »nur ein Keynesianer in der Wirtschaft« sei. Smith kommentierte später erregt: »Das ist fast so, als würde ein christlicher Kreuzfahrer sagen: »,Alles in allem glaube ich, daß Mohammed recht hat.'« Smith war sich wohl bewußt darüber, daß dieser Ausspruch Nixons dem Zugeständnis »Ich bin nun ein Sozialist« gleichkommt. John Maynard Keynes, ein englischer Volkswirtschaftler und Fabian-Sozialist, rühmte sich, die »Euthanasie des Kapitalismus« voranzutreiben.

In England wird unter Kennern dieser Verschwörung allgemein angenommen, daß Keynes seine *Allgemeine Theorie über Geld und Kredit* auf Geheiß gewisser Insider der internationalen Finanz produziert hat, die ihn anheuerten, eine pseudowissenschaftliche Rechtfertigung für die Regierungs-Defizite zusammenzubrauen. Je verschuldeter eine Regierung ist, desto mehr Zinsen muß sie an die mächtigen Insider bezahlen, die durch buchhalterische Manipulationen Summen für den Ankauf von Regierungsobligationen aufbringen können. Im übrigen kann man sicher sein, daß die Insider des Internationalen Bankwesens sich inflationären Defiziten heftig widersetzen würden.

In allen in- und ausländischen vom CFR zensierten Presseorganen führt James Reston (CFR) am 3. Februar 1971 in seiner Kolumne aus:

> »Das Nixon-Budget ist kompliziert, gleicht überhaupt nicht dem Nixon-Budget der Vergangenheit und ist so unrepublikanisch, daß es sich einer vernünftigen Analyse widersetzt. Es ist sorgfältiger geplant, berücksichtigt in größerem Umfang die Wohlfahrt und hat ein größeres eingeplantes Defizit als jedes andere Budget des Jahrhundets.«

Im Jahre 1967 machte Richard Nixon die maßlosen Ausgaben der Demokraten zum zweiten Kernpunkt seines Wahlkampfprogramms; der erste Kernpunkt des Programms war das Versagen der Demokraten im Vietnamkrieg. Das Budget Präsident Johnsons im gleichen Jahre betrug 158,6 Milliarden Dollar, was zu jener Zeit eine astronomische Summe war. Nixon behauptete, daß es einer finanziellen Katastrophe gleichkäme, wenn dieser Betrag nicht um 10 Milliarden Dollar gekürzt würde. Als der Vietnamkrieg eine viel größere Belastung als heute war, plädierte Nixon für ein Budget von etwa 150 Milliarden Dollar. Unter seiner Regierung beläuft sich das Budget nur auf 230 Milliarden Dollar. Geplante Ausgaben, die bereits dem Kongreß zur Genehmigung vorgelegt wurden, könnten das Budget von 1972 leicht auf 250 Milliarden Dollar hochtreiben. Entscheidend ist, daß jener Mann, der 1968 als »Mr. Sparsam«

kandidierte, im dritten Jahr seiner Amtszeit etwa 80 bis 100 Milliarden Dollar mehr ausgibt, als er es bei seinem Vorgänger für angebracht hielt. Einige Experten schätzen das Budget des nächsten Jahres sogar auf mehr als 275 Milliarden Dollar.

Das ist derselbe Richard Nixon, der am 11. Oktober 1968 in Dallas erklärte, »Amerika könne sich keine 4 Jahre Hubert Humphrey im Weißen Haus leisten«, da er Programme verfochten habe, die »durch ihre überhöhten Ausgaben den Bankrott der Nation verursacht hätten«. Kandidat Nixon ließ an der Johnson-Regierung keinen guten Faden, weil sie darin vesagt hätte, »die Defizit-Ausgaben zu beschneiden, die die Ursache unserer gegenwärtigen Inflation sind«. »Budget-Defizite liegen all unseren Schwierigkeiten zugrunde«, sagte er. Er für seinen Teil lehne »jede gewichtige Steigerung« der staatlichen Ausgaben ab. »Dies ist ein Rezept gegen eine weitere Inflation, und ich glaube, daß es auch ein Rezept gegen das wirtschaftliche Verderbnis ist.«

Während Lyndon B. Johnson fünf Jahre brauchte, um ein 55-Milliarden-Defizit zu erreichen, notierte Senator Harry Byrd, daß Nixon schon nach drei Jahren ein Defizit von mindestens 88 Milliarden Dollar erreicht hatte. Kongreß-Experten sagen voraus, daß Nixon leicht mit insgesamt 124 Milliarden Dollar in die roten Zahlen kommen könne – allein während dieser Amtsperiode. Um die Inflation zu bremsen, hat Mr. Nixon nun die Preis- und Lohnkontrolle eingeführt. Die meisten Amerikaner haben begeistert zugestimmt, da die Kaufkraft von Monat zu Monat schrumpfte. Den meisten dieser Leute war jedoch die wahre Ursache der Inflation nicht bekannt. Man kann sicher sein, daß die

Presse des Establishment sie darüber auch weiterhin im unklaren lassen wird. Tatsache ist, daß zwischen Inflation und Lohn-Preis-Spirale ein Unterschied besteht. Ein Defizit der Regierung wird behoben, indem neues Geld in Umlauf gebracht wird. Diese Maßnahme treibt die Löhne und Preise in die Höhe. Dies ist leichter zu verstehen, wenn man sich unsere Wirtschaft als eine große Auktion vorstellt. Wenn die Bieter plötzlich mehr Geld zur Verfügung haben, werden sie es dazu vewenden, ihre Angebote zu erhöhen und damit die Preise in die Höhe treiben. Inflation ist in Wirklichkeit eine Steigerung der Geldversorgung. Die Lohn-Preis-Spirale ist nur eine sekundäre Erscheinung – in ihr wird jedoch meist fälschlich die eigentliche Inflation gesehen. Eine Lohn-Preis-Spirale ist nur möglich, wenn vorher die Geldversorgung gesteigert wurde. Dieses volkswirtschaftliche Gesetz kann man auch physikalisch veranschaulichen: Ein Viertelliter Milch reicht nicht aus, eine Literflasche zu füllen. Im Gegensatz zu der überwiegenden Mehrheit der amerikanischen Bevölkerung ist sich Mr. Nixon der wahren Ursachen für die »Inflation« bewußt. Er erklärte dies sehr deutlich am 27. Januar 1970:

> »Die Inflation, die wir zu Beginn der siebziger Jahre hatten, wurde durch schwere Defizite in den sechziger Jahren verursacht. In den vergangenen zehn Jahren gab die Bundesregierung 57 Milliarden Dollar mehr aus, als sie einnahm. Dieses Defizit verursachte das Steigen der Preise um 25% in zehn Jahren.«

Unternehmer und Gewerkschaften geben sich gegenseitig die Schuld an der Inflation, die jedoch nur von einer Regierung verursacht werden kann. Nixon hat die Lohn- und

Preiskontrolle in der Wirtschaft beschleunigt, um angeblich ein Problem zu lösen, das er (und Lyndon B. Johnson) durch riesige Defizite selbst verursachte. Wenn das Aufhalten der Inflation ein echtes Anliegen Nixons wäre, müßte er eher der Regierung eine Lohn- und Preiskontrolle auferlegen und ihre Defizit-Ausgaben stoppen. Nixons Anhänger jubeln ihm zu, weil er »etwas getan hat«. Das ist etwa so, als jubelte man einem Kraftfahrer zu, der einen Fußgänger erschießt, den er gerade überfahren hat.

Lohn- und Preiskontrollen liegen in der Natur des Sozialismus. Eine totalitäre Regierung ist ohne diese nicht möglich, und in einem freien Land sind sie undenkbar. Warum? Wirtschaftliche Freiheit verträgt sich nicht mit Sklaverei. Wirtschaftliche Freiheit ist ein Garant für die Freiheit im allgemeinen. Lohn- und Preiskontrollen sind Menschenkontrollen. Im zweiten Abschnitt seiner Rede macht Nixon klar, daß die Lohn- und Preiskontrolle von nun an mit uns sein werde — in der einen oder anderen Verkleidung. Sie ist ein wichtiger Schritt zur Schaffung einer allmächtigen Exekutive der Bundesregierung.

Nachdem die Insider de facto die Vereinigten Sozialistischen Staaten von Amerika — wenn auch nicht dem Namen nach — geschaffen haben, ist die große Fusion aller Nationen der Welt in einer diktatorischen Weltregierung der nächste Schritt. Dies war auch der Hauptgrund, Rotchina in die Vereinten Nationen aufzunehmen. Eine Kontrolle der Bodenschätze, des Transportwesens, des Handels- und des Bankwesens in der ganzen Welt setzt eine international einheitliche Zielsetzung voraus.

Das Codewort der Insider für einen Superweltstaat ist

die »Neue Weltordnung«, eine Phrase, die von Richard Nixon oft gebraucht wird. Das CFR setzt in seiner *Study No. 7* fest: »Die USA müsen sich bemühen um: a) Bildung einer neuen internationalen Ordnung.« Der Sprecher des Establishments, James Reston (CFR), stellt in seiner Kolumne am 21. Mai 1971 fest: »Nixon würde offensichtlich bei der Erschaffung einer neuen Weltordnung den Vorsitz führen wollen, und er glaubt, in den letzten 20 Monaten seiner Amtszeit dazu die Gelegenheit zu erhalten.«

Eine Weltregierung war schon immer das erklärte Ziel der Kommunisten. Lenin schlug im Jahre 1915, in der Ausgabe Nr. 40 des russischen Organs *Der Sozialistische Demokrat* die »Vereinigten Staaten der Welt« vor. Das Programm der Kommunistischen Internationalen von 1936 sagt, daß eine Weltdiktatur »nur bei einem Sieg des Sozialismus in verschiedenen Ländern oder Gruppen von Ländern errichtet werden kann, worauf sich die proletarischen Republiken auf bundesstätlicher Ebene mit den bereits existierenden vereinigen würden. Dieses System würde expandieren . . . auf die Dauer die Weltunion der Sowjetischen Sozialistischen Republiken formen.«

Eine der bedeutendsten Gruppen, die die »Weltunion« fördern, sind die United World Federalists (UWF), deren Mitgliedschaft stark mit der des CFR verknüpft ist. Die UWF rät dazu, die UN in eine vollgültige Weltregierung zu verwandeln, unter Einschluß der kommunistischen Nationen.

Richard Nixon ist natürlich viel zu clever, als daß er wirklich der UWF beitreten würde. Aber er hat deren legislatives Programm seit seinen frühen Tagen im Kongreß unterstützt. Auf Seite 14 in der Oktober-Ausgabe von 1948 der UWF-Veröffentlichung *World Government News* erschien folgende Bekanntmachung: »Richard Nixon stellte die Weltregierungs-Resolution (HCR 68) 1947 und ABC (Weltregierungs-) Resolution 1948 vor«.

Die Weltregierung hat eine starke emotionelle Anziehungskraft auf die Amerikaner, die ihrem grundsätzlichen Wunsch nach dem Weltfrieden entspringt. Die Insider lassen die Kommunisten einerseits mit dem Säbel rasseln und andererseits den Palmenzweig schwenken. Natürlich begrüßt die Öffentlichkeit Friedensbestrebungen, ohne zu bemerken, daß diese durch die militärischen Maßnahmen des Westens verhindert werden.

Im September 1968 erhielten die Kandidaten für öffentliche Ämter ein Schreiben von den United World Federalists (UWF), das besagte:

> »Unsere Organisation wurde von allen US-Präsidenten in den letzten 20 Jahren gutgeheißen und gelobt, ebenso von den jetzigen Präsidentschafts-Kandidaten. Als Beispiele zitieren wir folgendes:
> Richard Nixon: ‚Ihre Organisation kann einen bedeutenden Dienst leisten, indem sie fortfährt zu betonen, daß der Weltfriede nur durch ein Weltgesetz erfolgen kann. Unser Ziel ist der Weltfriede. Unser Instrument zur Erreichung des Friedens werden Gesetz und Gerechtigkeit sein. Wenn wir unsere Energie auf dieses Ziel konzentrieren, habe ich die Hoffnung, daß ein echter Fortschritt erreicht werden kann.'
> Hubert Humphrey: ‚Jeder von uns ist zur Brüder-

lichkeit unter allen Nationen verpflichtet. Aber keiner verfolgt dieses Ziel mit mehr Einsatz und Würde als die United World Federalists'.« [7]

Hier bestand wirklich nicht der geringste Unterschied. Dem Wähler gab man die »Alternative« zwischen dem CFR-Weltregierungs-Verfechter Nixon und dem CFR-Weltregierungs-Verfechter Humphrey. Nur durch rhetorische Änderungen versuchte man, der Öffentlichkeit eine Alternative vorzutäuschen.

Eine Weltregierung erfordert einen Obersten Weltgerichtshof, wofür Mr. Nixon sehr eintritt. Eine Weltregierung benötigt eine Weltpolizeimacht, die die Einhaltung der Gesetze gewährleistet und jegliche Rebellion verhindert. Der *Los Angeles Examiner* vom 28. Okt. 1950 berichtet, daß der Kongreßabgeordnete Richard Nixon eine »Resolution mit der Forderung nach Aufstellung einer Polizeimacht der Vereinten Nationen« vorgestellt habe.

Das ist nicht überraschend. Die Insider lassen ihre besten Leute die Verwaltung ihrer Weltdiktatur vorbereiten. Unter der gewaltigen Kuppel der Southern Illinois University befindet sich eine vollständig detaillierte Weltkarte, die den Raum von drei Fußballfeldern einnimmt. Gefördert durch Stipendien der Ford-, Carnegie- und Rockefeller-Stiftungen (alle eng verknüpft mit dem CFR) macht hier eine Batterie von Wissenschaftlern aller Sachgebiete — Geographen, Psychologen, Verhaltensforscher, Biologen, Biochemiker und Agronomen — Pläne zur Kontrolle der Menschheit. Diese Eliteplaner exerzieren das, was sie das »Weltspiel« nennen. Zum Beispiel: Es leben zu viel Leute in Land A und nicht genügend Leute in Land B. Wie bewegt man die Menschen von Land A in Land B? Wir brauchen soviele männliche, soviele weibliche, soviele von diesem Beruf, soviele von jenem Beruf, soviele dieses Alters, soviele jenes Alters. Wie bewerkstelligt man die Umsiedlung dieser Menschen in der kürzest-möglichen Zeit? Ein anderes Beispiel: Wir haben einen Aufstand in Land C. Wie lange wird es dauern, »Friedens«-Truppen dorthin zu schicken, um die Rebellion zu stoppen?

Hier wird die globale Kontrolle bis ins Detail hinein exerziert. Man kann sich bei einer Weltregierung nicht auf Zufälle verlassen. Der wirkliche Name dieses Spiels ist *1984*. Die Bevölkerungsziffer wird durch eine erzwungene Sterilisation oder eine andere Maßnahme der Planer systematisch gesenkt werden, um die absolute Kontrolle in einem *humanitären* Utopia zu gewährleisten. Die Realisierung dieser Pläne macht es erforderlich, daß zuerst durch Ausschalten der lokalen Polizei und Entwaffnung der Bürgerschaft die Kontrolle innerhalb jeder Nation zentralisiert wird, bevor die große Verschmelzung erfolgt. Unsere einstmals freie konstitutionelle Republik muß durch eine allmächtige zentralisierte Regierung ersetzt werden. Das ist es genau, was heute durch die Nixon-Regierung vorbereitet wird. Jede auch noch so bedeutungslose Maßnahme hat immer mehr Macht in einem Mittelpunkt vereinigt, der rapide diese Entwicklung beschleunigt, ungeachtet jeder Vernebelung.

Bei all dem wird die kommunistische Taktik des *Drucks von oben und Drucks von unten* erkennbar. Der kommunistische Historiker Jan Kozak beschrieb dies als das Schema, das von den Russen benutzt wurde, um die Tschechoslowakei unter Kontrolle zu bringen. Der Druck von oben wird von den Insidern erzeugt, der von unten vom radikalisierten Mob auf der Straße. Beide zusammen bilden eine gigantische Zange um die Mittelklasse. Die radikalen Demonstranten werden von einer Oligarchie elitärer Verschwörer manipuliert, die auf eine unbegrenzte Regierung mit totaler Kontrolle über Leben und Besitz eines jeden hinarbeiten. Amerika ist dabei, durch einen Schraubstock zu Tode gequetscht zu werden (siehe Karte 9). Für den Druck von unten sind revolutionäre Gruppen wie *Students for a Democratic Society* (SDS – Studenten für eine Demokratische Gesellschaft, die durch die Liga für Industrielle Demokratie ins Leben gerufen wurde, eine dem CFR nahe stehende Gruppe), die *Black Panthers*, die *Yippies* (Polit-Hippies) und die *Young Socialist Alliance* (YSA) verantwortlich.

Diese Gruppen propagieren, daß wir Amerika verlieren würden, falls wir es nicht »ändern«. Mit »Veränderung« – ein Wort, das wir immer öfter hören – meinen diese Gruppen den Sozialismus. Alle Mitglieder dieser Gruppen sind der Überzeugung, gegen das Establishment zu kämpfen, dessen unentbehrliche Verbündete sie in Wirklichkeit sind. Diese Radikalen glauben in ihrer Naivität, der Sozialismus trage dem Volk Rechnung. Tatsächlich wird der ganze Besitz von einer kleinen Gruppe völlig kontrolliert. Aus diesem Grund wird es diesen kleinen Lenins und Trotzkis auch erlaubt, ohne strafrechtliche Verfolgung agieren zu dürfen. Wer könnte annehmen, daß das Establishment, wollte es wirklich diese Revolutionäre stoppen, noch länger zögern würde?

Karte 9

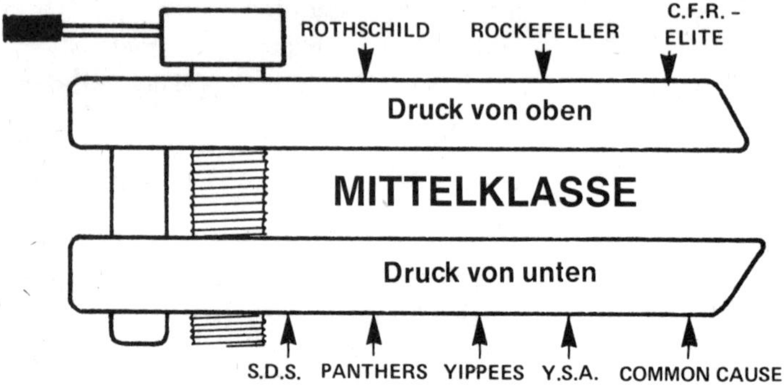

Statt dessen werden die meisten Radikalen von der Regierung oder bedeutenden Stiftungen weitgehend unter dem Motto »Kampf der Armut« unterstützt. Die Insider unterstützen das Verlangen dieser Gruppen nach Sozialismus. Die Radikalen dienen also mit ihrer Arbeit denen, die sie eigentlich stürzen wollen.

Weitere Hinweise für die Finanzieung kommunistischer Gruppen durch das Establishment sind in dem Buch von James Kuners *The Strawberry Statement: Notes of A College Revolutionary* [Der rote Bericht: Notizen eines Hochschul-Revolutionärs], enthalten. Kunens beschreibt hier Vorgänge bei dem nationalen Treffen des SDS im Jahre 1968:

> »Außerdem versuchten Leute der *Business International* –, die auch diese Treffen finanzierten – einige Radikale auf dem Konvent anzuwerben. Es handelt sich dabei um führende Groß-Industrielle, die es sich erlauben, über unser Leben zu bestimmen.

Es sind die selben Leute, die die Allianz für den Fortschritt schrieben und den linken Flügel der regierenden Klasse bilden.
Sie stimmten mit uns in der Frage der Neger- und Studenten-Kontrolle überein.
Sie möchten McCarthy*) dabeihaben. Sie sehen den Faschismus als eine von Wallace ausgehende Bedrohung an. McCarthy könnte nur gewinnen, wenn die Verrückten und die jungen Radikalen sich aufspielen und McCarthy so vernünftiger aussehen lassen. Sie boten uns an, unsere Demonstrationen in Chikago zu finanzieren.
Es wurde uns auch von Esso (Rockefeller) Geld angeboten. Sie wollten, daß wir radikalen Aufruhr inszenieren sollten, damit sie im Zentrum zu stehen scheinen, auch wenn sie sich nach links bewegen.«[8]

Die Strategie besteht darin, daß die Aufmerksamkeit durch solche Maßnahmen von der eigentlichen Gefahr von oben abgelenkt werden soll.

So beobachtete Frank Capell neulich in *The Review Of The News:*

»Natürlich wissen wir, daß diese radikalen Studenten nicht die Regierung übernehmen können. Sie liefern der Regierung jedoch einen Vorwand dafür, allmählich immer mehr kontrollierende Gesetze zu erlassen, um ‚die Dinge unter Kontrolle zu bringen'.«

Wir steuern eine Diktatur der Elite an, verkleidet als Diktatur des Proletariats.

*) McCharty, Eugene Joseph, geb. 1916, US-Senator von Minnesota seit 1958.

Die Insider gehen nun bei der Anwendung des »Drucks von unten« sehr geschickt vor. John Gardener, ein Mitglied des CFR und »Republikaner« hat eine bodenständige proletarische Organisation aufgebaut, die Common Cause (Gemeinsame Sache) genannt wird. Sie dürfte die größte und bedeutendste Organisation in der amerikanischen Geschichte werden. Ihr Ziel ist es, Fürsorgeempfänger zu organisieren, solche, die niemals gewählt haben, und Liberale, die als Lobbyisten für den Sozialismus arbeiten. Die daraus resultierende Beeinflussung der Abgeordneten zeigt sich nicht nur daran, daß der Kongreß gezwungen wird, sozialistische Gesetzgebung zu akzeptieren, sondern auch als Stimmenpotential bei den Wahlen. Die Finanzierung dieser Organisation geschieht von den Insidern, in erster Linie von John D. Rockefeller III. Andere Finanziers sind Andrew Heiskell (CFR), Thomas Watson (CFR), Vorstandsvorsitzender von IBM; John Witney (CFR) von Standard Oil; Sol Linowitz (CFR), Vorstandsvorsitzender von Xerox und Gardner Cowls (CFR) von Cowls Publications.[9]

Es könnte niemand einen besseren Beweis dafür erbringen, daß der Sozialismus nicht eine Bewegung der unterdrückten Massen ist, sondern daß ein Machtstreben einer elitären Gruppe zurückgeht. Die Armen sind in diesem Spiel nur die Figuren. Es ist nicht notwendig, darauf hinzuweisen, daß die Öffentlichkeit von diesen Zusammenhängen nichts erfährt. Nur die, die den Sozialismus als Spielplan des Establishments erkannt haben, wissen um die Gefahr.

NACHWORT

Nach der Lektüre dieses Buches wird vielen Lesern zwar der Ernst der Situation klar geworden sein, sie werden aber keine Möglichkeit sehen, selbst einen nutzbringenden Beitrag zu einer Änderung zu leisten. Resignation vergrößert jedoch die Gefahr der Bedrohung, ja sie kommt den Wünschen der Insider entgegen.

Die Verschwörung kann besiegt werden. Bei aller zugestandenen Macht der Insider haben auch sie eine Achillesferse. Der Widerstand jedes einzelnen ist es, den die Insider fürchten.

Wenn dem einzelnen das ungeheure Ausmaß und der beängstigende Stand der Verschwörung in der ganzen Tragweite und Bedeutung für das Leben der ganzen Menschheit bewußt ist, folgt daraus eigentlich zwangsläufig die Notwendigkeit der Gegenwehr. Diese kann freilich nicht spontan, d. h. unüberlegt erfolgen. Eine effektive Gegenwehr muß die Insider dort packen, wo ihre empfindlichste Stelle sitzt.

Der erste und außerordentlich wirksame Schritt gegen eine Verschwörung ist ihre Aufdeckung. Die Enthüllung ihrer Pläne macht ein kontinuierliches Weiterarbeiten der Insider unmöglich, es kann sogar in einer relativ kurzen Zeitspanne völlig ausgeschaltet werden.

Es wäre also die Aufgabe desjenigen, dessen politisches

Bewußtsein erwacht ist, dieses seinen Mitmenschen ebenfalls zu vermitteln. Wenn man die herrschenden Zustände als gegeben und normal hinnimmt, kann natürlich keine Veränderung dieser Zustände bewirkt werden. Die Bewußtmachung der engen Verstrickung des eigenen Schicksals mit der Politik ist der wichtigste Teil des Kampfes gegen die Verschwörung.

Die eigentliche Funktion politischen Handelns ist entscheidend für die Bewertung jeder Politik. Richard Nixon sagt von der Republikanischen Partei: »Wir sollten es erreichen, ein Zelt zu haben, in das jeder hineinkommen kann.« Sozialisten in die Partei zu bringen, scheint theoretisch die Basis der Partei zu verbreitern, in Wirklichkeit untergräbt es jedoch die Position der konstitutionellen Republik und das System des freien Unternehmertums. Sich dessen bewußt zu werden, darauf kommt es an.

Die Frage nach den wirklichen Hintergründen muß für alle Menschen eine politische Selbstveständlichkeit werden. Politik ist nicht nur während der Wahlen Sache aller. Die einmal gewählten Politiker müssen unaufhörlich kontrolliert werden. Jeder einzelne hat dazu die Möglichkeit.

Wenn Republikaner und Demokraten in Amerika sich darüber im klaren sind, wer im Hintergrund die Politik ihrer Parteien bestimmt, versteht es sich von selbst, daß sie die Kontrolle der Insider zum Gegenstand des Wahlkampfes machen. Eine Partei muß auf feste Prinzipien gegründet sein, andernfalls fehlt ihr jede Existenzberechtigung. Die Sozialisten müssen gezwungen werden, sich in einer Partei zu sammeln. Keine Partei ist in der Lage, sich nachhaltig gegen den Sozialismus zu stellen, solange sie das Programm der Sozialisten selbst vorantreibt. Letzteres entspricht genau den Wünschen der Insider.

Das Ziel der Insider, die Herrschaft über die ganze Welt, können sie nur durch die Verwirklichung einer totalen Diktatur erreichen. Terror und Willkür sind zur Aufrechterhaltung einer Diktatur unerläßlich – Beispiele aus der Geschichte erhärten diese Behauptung. Es kann niemand im Ernst darauf spekulieren, wer sich nicht mit Politik abgebe, bleibe von allen ihren Folgen unberührt. Die Aufgabe jedes einzelnen muß es also sein, Ziele und bereits verwirklichte Pläne der Insider gerade politisch passiven Menschen mitzuteilen und ihnen klarzumachen, wie sehr diese die Freiheit der gesamten Menschheit bedrohen.

Wie wird die Verschwörung sich in den nächsten Jahren entwickeln, wie sehen die Pläne der Insider für die nächste Zukunft aus? Der Historiker Dr. Warren Carroll und ein Flüchtling vor dem Kommunismus Jugoslawiens, Mike Djordjevich, haben vor einigen Jahren vierzehn Meilensteine auf der Straße zum Totalitarismus zusammengestellt. Als die Liste aufgestellt wurde, war keiner der darin aufgeführten Punkte verwirklicht. Wenn erst einige von ihnen zum Gesetz geworden sind, lassen die übrigen nicht mehr lange auf sich warten, und der Kampf um die Freiheit ist so gut wie verloren.

1. Einschränkung bei der Ausfuhr von Geld und beim Eröffnen oder Beibehalten von Bankkonten amerikanischer Bürger
3. Abschaffen des Privatbesitzes von Handfeuerwaffen
3. Inhaftieren von Bürgern ohne Gerichtsverfahren

4. Die Vorschrift, private finanzielle Transaktionen mit Sicherheitskennziffern zu versehen, so daß Daten darüber gespeichert werden können
5. Anwendung von Schulpflicht-Bestimmungen und Verbot der noch existierenden Privatschulen
6. Nichtmilitärische [Arbeits]-Dienstpflicht
7. Psychologische Zwangsbehandlung
8. Bezeichnung aller antikommunistischer Organisationen als umstürzlerisch und deren Unterdrückung
9. Gesetz zur Begrenzung der Personenzahl bei privaten Zusammenkünften
10. Eine entsprechende Änderung der Paß-Ordnung, die das Erhalten und den Gebrauch von Pässen erschwert
11. Lohn- und Preiskontrollen, insbesondere zu Nicht-Kriegszeiten
12. Zwangsregistrierung von Arbeitsverhältnissen
13. Einschränkungen der Bewegungsfreiheit innerhalb der Vereinigten Staaten
14. Gesetze in Kraft zu setzen, ohne durch eine gesetzgebenden Instanz die Ermächtigung hierzu zu haben.

Die Punkte 1, 11 und 14 hat Präsident Nixon bereits verwirklicht. 2, 3, 6, 7, 9, 12 und 13 wurden schon vorgeschlagen und von organisierten Gruppen propagiert.

Seit dem 1. Januar 1972 müssen die Banken alle Einzahlungen und Abhebungen über 5000 Dollar der staatlichen Regierung melden.[1] Der nächste Schritt kann die Ausfuhrbeschränkung des Geldes sein.

Verstärkte alljährliche Regierungskontrollen über Privatschulen aller Art sind in vielen Ländern in den gesetzgebenden Versammlungen vorgeschlagen worden. Nichtmilitärische Dienstpflicht, eine Rekrutierung aller jungen Männer und Frauen, von denen nur eine Minderheit zu den bewaffneten Streitkräften geht — dies wurde von der Nixon-Regierung als Alternative zur Einberufung diskutiert. Sensivitätstraining wird bereits von einer zunehmenden Anzahl von Regierungsangestellten, Lehrern und Schulkindern gefordert.

Schon im Jahr 1961 schlug Victor Reuther vor, antikommunistische Gruppen und Organisationen zu untersuchen und sie beim Justizminister auf die Liste der Umstürzler zu setzen.

Der im Gang befindliche Propagandafeldzug zur Durchsetzung der Registrierung und Konfiszierung von Feuerwaffen hat Spitzenpriorität bei allen Kollektivisten — eine bewaffnete Bürgerschaft ist die Hauptstraßensperre für eine totalitäre Übernahme der Vereinigten Staaten.

Sir Winston Churchill hat die Situation dessen formuliert, in der wir alle stehen, als er einmal zu den Engländern sagte:

> »Wenn ihr nicht für das Recht kämpfen wollt, solange ihr ohne Blutvergießen gewinnen könnt; wenn ihr nicht kämpft, solange der Sieg euch noch sicher und nicht zu kostspielig ist, dann werdet ihr wohl zu dem Moment gelangen, da ihr mit einer geringen Chance gegen alle Vorteile zu kämpfen habt.«

Nachdem wir Warnung auf Warnung — wenn auch unbewußt — ignoriert haben, sehen wir uns nun auf dieser Position. Wenn nicht jeder die Notwendigkeit des Handelns nun erkennt, treffen bald Churchills folgende Worte auf uns zu:

> »Vielleicht gibt es sogar ein schlimmeres Verhängnis. Vielleicht müssen sie kämpfen, wenn es keine Hoffnung mehr auf Sieg gibt, weil es besser ist, zugrundezugehen, denn als Sklave zu leben.«

Eine solche Bedrohung, wie es die Verschwörung der Insider für unsere Freiheit darstellt, muß das Wohl des einzelnen Menschen eo ipso mit dem Wohl der Allgemeinheit identifizieren. Daraus folgt die moralische Notwendigkeit, für die Freiheit als höchstes Gut des Menschen mit allen wirksamen Mitteln zu kämpfen. Es ist erforderlich, diesen Kampf mit Überlegung zu führen, da der Gegner keinesfalls zu unterschätzen ist.

Der Kampf muß bei jedem einzelnen beginnen, und er muß unverzüglich aufgenommen werden. Jedes Zögern läßt seine Motivierung verblassen, die Besorgnis verringert sich und die Gefahr wächst.

Dieses Buch unternimmt den Versuch, ein Gesamtbild vom Ausmaß und der Bedeutung der Verschwörung zu vermitteln. Es will aber auch die Notwendigkeit sofortiger Gegenmaßnahmen deutlich machen. Die Vorbereitung seines Inhalts alleine ermöglicht schon eine Basis für eine erfolgreiche Bekämpfung der Verschwörer.

Der Gegenstand dieses Buches ist politisch. Es liegt daher nahe, auch im Kampf gegen die Verschwörung politische Methodik anzuwenden. Der kommunale Wahlbezirk ist als Basis für die Verbreitung dieses Themas geeignet. Man kann sich an seinen zuständigen Stadtverordneten wenden und ihn auf die Zusammenhänge der Verschwörung hinweisen. Wie auch immer der einzelne vorgehen mag, wichtig ist in erster Linie die Weitergabe der aus dieser Lektüre gewonnenen Erkenntnisse.

Nur durch Mobilisierung der freiheitlichen Kräfte, durch die politische Diskussion und durch ein bewußtes Mitarbeiten jedes einzelnen kann die Gefahr erkannt und so auch gebannt werden. Es kann nicht im Sinne des Menschen liegen, durch passives Verhalten, durch Desinteresse und Gleichgültigkeit seinen eigenen Untergang herbeizuführen. Eine philosophische Definition der Freiheit lautet: Unabhängigkeit von äußerem Zwang und fremder Gewalt. Politisch ist Freiheit nicht zuletzt das Recht eines Volkes auf die eigene Entscheidung über Einheit und Ordnung. Die persönliche Freiheit des einzelnen gegenüber der Staatsgewalt darf niemals den Interessen einer Oligarchie an eigener Macht und eigenem Vorteil geopfert werden. Dies ist der hohe Wert für die Motivation des Kampfes gegen die Verschwörung der Insider.

KAPITEL FUSSNOTEN

1. KAPITEL

[1] Siehe John Robinsons *Proofs of a Conspiracy,* Western Islands, Boston; Robert Paynes *Marx,* Simon & Schuster, New York, 1968, S. 30.

3. KAPITEL

[1] Feststellungen von dem Kongreßabgeordneten John Rarick im Repräsentantenhaus, *Congressional Record,* 18. Februar 1971.

[2] Emden, Paul H., *Money Powers of Europe,* D. Appleton, Century Company, 1938; Eaton, Clement, *History of the Southern Confederacy,* MacMillan, 1954.

[3] *National Economy and The Banking System,* Senatsdokumente, Band 3, Nummer 23, 76. Kongreß, 1. Sitzungsperiode, 1939.

[4] Marx, Karl, *Manifest der Kommunistischen Partei,* Reclam, Universal Bibliothek Nr. 8323, S. 46.

[5] „Jew Banking On The Left", *Jewish Frontier,* Mai 1940.

[6] *The Writings of Thomas Jefferson,* Band 10, G. P. Putnam & Sons, New York, 1899, S. 31.

[7] Myers, Gustavus, *History of the Great American Fortunes,* Random House, New York, 1936, S. 556.

[8] Hansl, Proctor, *Years of Plunder,* Harrison Smith & Robert Haas, New York, 1935, S. 90.

[9] *House Banking And Currency Committee Hearing* im Repräsentantenhaus, 7230, 75. Kongreß, 2. und 19. März 1938, S. 214.

[10] Vanderlip, Frank, „Farm Boy to Financier", *Saturday Evening Post,* 9. Februar 1935, S. 25.

[11] Viereck, George S., *The Strangest Friendship in Hisvory,* Liveright, New York, 1932.

[12] Vanderlip, Genanntes Werk S. 72.

[13] *Congressional Record,* 22. Dezember 1913

[14] Patman, Kongreßabgeordneter Wright, Rundschreiben, 6. Juni 1968.

[15] Lindbergh, Charles A. Sr., *The Economic Pinch,* (Neudruck bei Omni Publications, Hawthorne, Calif., 1968, S. 95).

[16] Rothbard, Murray, *America's Great Depression,* Nash Publishing, Los Angeles, 1972, S. 86.

[17] Lundberg, Ferdinand, *America's 60 Families,* Vanguard Press, New York, 1938, S. 22.

[18] Bryan, William „John", *The United States Unresolved Monetary And Political Problems,* (privat veröffentlicht).

[19] McFadden, Kongreßabgeordneter Louis T., *On The Federal Reserve Corporation,* 1934, Forum Publication Co., Boston, S. 89.

[20] Hargrave, John, *Montagu Norman,* Greystone Press, New York, 1942.

4. KAPITEL

1 Kolko, Gabriel, *The Triumph of Conservatism*, Quadrangle Books, Chicago, 1967, S. 4.
2 Lundberg, Ferdinand, *Die Reichen und die Superreichen*, Hoffman und Campe, S. 252.
3 Hinton, Harold Boaz, *Cordell Hull*, Garden City, New York, Doubleday Doran & Co., Inc., 1942.
4 Ponsonby, Arthur, *Falsehood In War Time*, New York, E. P. Dutton & Co. Inc., 1928, S. 19.
5 Dall, Curtis, *F.D.R.—My Exploited Father in Law*, Christian Crusade Publications, 1968, Tulsa, Okla., S. 71.
6 Martin, Rose L., *The Fabian Freeway*, Western Islands, 1966, S. 163.
7 Kennan, George F., *Russia and the West Under Lenin and Stalin*, Little, Brown & Co., 1960—61, S. 11.
8 Shub, David, *Lenin*, Penguin Books, Baltimore, Md., 1967, S. 201—206.
9 Skousen, W. Cleon, *The Naked Communist*, Ensign Publications, 1958, S. 110—115.
10 Shub, Genanntes Werk, S. 178—181, S. 205.
11 Zeman, Z. A. B., und Scharlau, W. B., *Merchants of Revolution*, Oxford University Press, 1965, S. 229—231.
12 Willert, Arthur, *The Road To Safety*, London, Derek, Verschoyle, 1952, S. 29.
13 Skousen, Genanntes Werk, S. 114.
14 Shub, Genanntes Werk, S. 212.
15 De Goulevitch, *Czarism and the Revolution* (übersetzt von der original französischen Veröffentlichung durch N. J. Couriss und neu aufgelegt durch Omni Publications, Hawthorne, Calif., 1961), S. 223—225, 231—232.
16 Forbes, B. C., *Men Who Are Making America*, S. 334—335.
17 De Goulevitch, Genanntes Werk, S. 225.
18 Hagedorn, Herman, *The Magnate*, John Day, N. Y. Siehe auch *Washington Post*, 2. Februar 1918, S. 195.
19 De Goulevitch, Genanntes Werk, S. 230.
20 Der Leiter von Präsident Wilsons US-Kommission zum revolutionären Rußland war der sogenannte „Republican elder statesman“, Elihu Root, der zuvor Außenminister und Verteidigungsminister war, wie auch Begründer des CFR und dessen erster Ehrenpräsident. Siehe *CFR Annual Report*, 30. Juni 1969, und *Tragedy and Hope*.
21 Zeugenaussagen des ehemaligen NKVD-Agenten Peter Deriabin vor dem Unterausschuß des Senats für innere Sicherheit am 26. März 1965, in dem Dokument „Murder and Kidnapping as an Instrument of Soviet Policy“.
22 Die beste allgemeine Darstellung von anderen Gebieten der Verschwörung ist Rose Martins *Fabian Freeway*.

5. KAPITEL

[1]House, Edward Mandell, *Philip Dru: Administrator: A Story Of Tomorrow, 1920—1935*, New York, B. W. Huebsch, 1920, S. 45.

[2]Millin, Sarah Gertrude, *Cecil Rhodes*, New York, Grossett & Dunlap, S. 98.

[3] Quigley, Carroll, *Tragedy and Hope*, MacMillan, New York, 1966, S. 130.

[4] Aydelotte, Frank, *The American Rhodes Scholarships*, Princeton University Press, 1946, S. 7—8.

[5] Quigley, Genanntes Werk, S. 951—952.

[6] Quigley, Genanntes Werk, S. 529—533.

[7] Cerf, Jay H., and Pozen, Walter (Herausgeber), *Strategy For The 60's*, Frederick A. Praeger, New York, 1961, S. 95.

[8] (Entnommen aus der CFR Mitgliedsliste unter Bezugnahme auf Who's Who).

[9] Quigley, Genanntes Werk, S. 950.

[10] Hatch, Alden, *Bernhard-Prince of the Netherlands*, New York, Doubleday & Co., 1962.

6. KAPITEL

[1] Louis, Budenz, *The Bolshevik Invasion Of The West*, Bookmailer, S. 115.

[2] Antony Sutton, *Western Technology and Soviet Economic Development, 1917—1930, Hoover Institution On War, Revolution and Peace*, Standford University, Calif., 1968, S. 292.

[3]O'Connor, Harvey, *The Empire of Oil*, Monthly Review Press, New York, 1955, S. 270.

[4] Ibidem, Band 1, S. 38.

[5] *National Republic*, September 1927.

[6] Sutton, Genanntes Werk, Band 2, S. 17.

[7] Ibidem, Band 2, S. 288.

[8] Ibidem, Band 2, S. 226.

[9] Ibidem, S. 227.

[10] Ibidem, Band 2, S. 291.

[11] Congressional Record, 15. Juni 1933.

[12] Siehe U.S. State Dept. Decimal File, 811.51—3711 und 861.50 „Five Year Plan 236". Sutton, Genanntes Werk, Band 2, S. 340.

[13] Sutton, Genanntes Werk, Band 2, S. 3.

7. KAPITEL

[1] Republikanische *Battle Line*, Februar 1970.

[2] *Newsweek*, 11. Januar 1971.

[3] Ibidem.

[4] Aus einer Nixon-Rede in Cleveland, Ohio, im Januar 1968.

[5] Republican *Battle Line*, August 1969.

[6] (3) *Houston Tribune*, 11. März 1971.
[7] (Kopie im Besitz des Autors).
[8] Kunen, James, *The Strawberry Statement: Notes of a College Revolutionary*, Random House, New York, S. 116—117.
[9] *(Human Events*, 10. Juli 1971).

NACHWORT
[1] Staatsrecht 91-508, 91. Kongreß, Repräsentantenhaus 15073, 26. Oktober 1970. Das Änderungsgesetz zum staatlichen Depotsicherungsgesetz macht u. a. den versicherten Banken zur Auflage, gewisse Aufzeichnungen vorzunehmen und bestimmte Transaktionen in US-Währung an das Finanzministerium zu melden.

BIBLIOGRAPHIE

VERSCHWÖRUNG

Acton, Lord, *Cambridge Modern History: The French Revolution*, Band VIII, New York, Macmillan, 1904.
Die Führer der Illuminaten (im Jahre 1784 in Bayern verboten) lehrten, daß alle Könige überflüssig und Werkzeuge des Despotismus seien. Alois Hofmann, Professor der Rhetorik in Wien und Freund von Kaiser Leopold, führte (in seinem Blatt *Wiener Zeitung)* die erneute revolutionäre Agitation in Bayern auf die Illuminaten und eine von ihnen geplante, allumfassende Verschwörung zurück. Er empfahl, daß die Jesuiten wiederbelebt werden sollten, um sie zu bekämpfen. Ein Agent des Direktoriums berichtete von einer erneuten Aktivität der Illuminaten im Jahre 1796. Die Franzosen gelangten mit ihren revolutionären Doktrinen des Illuminatentums im Jahre 1880 nach Deutschland.

Eaton, Clement, *History of the Southern Confederacy*, New York, Macmillan, 1954.
Berichtet von der Finanzierung der Confederacy durch den Rothschild-Verbündeten Erlanger.

Machiavelli, Niccolo, *The Prince*, Chicago, Encyclopedia Britannica, 1955.
Das grundlegende Lehrbuch für Verschwörer.

Manly, Chesly, *The Twenty Year Revolution*, Henry Regnery, Chicago, 1954.

Martin, Rose L., *The Fabian Freeway*, Boston und Los Angeles, Western Islands, 1966.
Der beste allgemeine Rückblick auf die Aktivitäten der *Insider* auf anderen Gebieten als denen der Finanz.

Marx, Karl, *Manifest der Kommunistischen Partei*, Reclam, Universal Bibliothek Nr. 8323, Stuttgart, 1972.
Marx' zehn Punkte zur Kommunisierung eines Landes sollte sich jeder einprägen.

Robinson, John, *Proofs of a Conspiracy*, Neudruck bei Western Islands, Boston und Los Angeles.
Offenbart die Geschichte der Kräfte hinter der französischen Revolution. Erstmals veröffentlicht 1798.

Webster, Nesta, *Secret Societies and Subversive Movements*, Neudruck bei Christian Book Club, Hawthorne, Calif., 1967.
Ein grundlegender Text über dieses Thema von einem gewissenhaften englischen Historiker.

Webster, Nesta, *The French Revolution*, Neudruck bei Christian Book Club, Hawthorne, Calif., 1969.
Die Rolle der Illuminaten in der ersten Kommunistischen Revolution.

Webster, Nesta, und Gittens, Anthony, *World Revolution*, Britons, Devon, England, 1972.
Dieser grundlegende Text wurde seit seiner Veröffentlichung im Jahre 1921 durch Mr. Gittens, einem Mitarbeiter Mrs. Websters aus den 20er Jahren, auf den neuesten Stand gebracht.

FEDERAL RESERVE

Allen, Frederick Lewis, „Morgan The Great", LIFE, April 25, 1949.
Liefert Information über Morgans Rolle bei der Beschleunigung der Panik von 1907.

American Heritage, August 1965 (Siehe Financial Chronicle, 9. März, 1929).
Zitiert Warburgs Warnung vor der drohenden Katastrophe an der Börse.
versity Press, 1946.

Aydelotte, Frank, *The American Rhodes Scholarships*, Princeton Uni-
Enthält Information über Rhodes' Bemühungen zur Errichtung von Stipendien.

Bryan, William „John", *The United States Unresolved Monetary and Political Problems*, Privat veröffentlicht.

Corti, Count Egon, *The Rise of the House of Rothschild*, New York, Grosset & Dunlap, 1928.
Möglicherweise die ausgewogenste Studie über die Rothschilds. Die meisten Bücher sind entweder lobhudlerisch oder neigen dazu, alles seit dem Sündenfall den Rothschilds anzulasten.

Dobbs, Zygmund, *Keynes At Harvard* (Revidierte und erweiterte Ausgabe), W. Sayville, N.Y., Probe Research, Inc., 1969.
Wirtschaftliche Irreführung als ein politisches Kredo; kombiniert die Erläuterungen eines Laien zur Keynesischen Volkswirtschaftslehre und deren Wirkung mit einer ausgezeichneten Reportage darüber, wer das System fördert und warum.

Groseclose, Elgin, *Fifty Years of Managed Money,* New York, Spartan, 1965.
Was Keynesianer, Politiker, Bürokraten und die Federal Reserve unserem Geldsystem angetan haben.
Money and Man, New York, Frederick Ungal, 1967.
Ausgezeichnetes Geschichtsbild des Geldes.

Hansl, Proctor, *Years of Plunder,* New York, Smith & Haas, 1935.
Berichtet über Begebenheiten, die zum Zusammenbruch von 1929 führten.
Hargrave, John, *Montagu Norman,* New York, Greystone Press, 1942.
Norman, ein Schlüssel-*Insider,* bereiste die Welt und koordinierte die internationalen Finanzen.
Hinton, Harold Boaz, *Cordell Hull,* Garden City, N. Y., Doubledar, Doran & Co., Iinc. 1942.
House, „Colonel" Edward Mandel, *Philip Dru: Administrator: A Story of Tomorrow, 1920—1935,* New York, B. W. Huebsch, 1920.
Hull, Cordell, *Memoires,* New York, Collier-Macmillan, 1948.
Offenbart Hulls Schock, als Senator Aldrich die progressive Einkommensteuer im Senat einbrachte.

Keynes, John Maynard, *The General Theory of Employment, Interest and Money,* New York, Harcourt, Brace and Co., 1958.
Kolko, Gabriel, *The Triumph of Conservatism,* Chicago, Quadrlangle Books, 1967.
Wahrscheinlich die beste allgemeine Widerlegung der landläufig vertretenen Ansicht, daß die „Progressive Ära" durch Repräsentanten der „Unterdrückten Massen" angezettelt und in Gang gehalten wurde. Dieses Buch eignet sich besonders gut zur Information über das Establishment des Federal Reserve Systems.
Lindbergh, Charles A. Sr., *The Economic Pinch,* Phil., Dorrance & Company, Inc., 1923.
Chronologisiert die Art und Weise, wie die Federal Reserve und die Internationalen Bankiers die Wirtschaft nach der Etablierung der Federal Reserve zweifach hereinlegten.
Lundberg, Ferdinand, *America's 60 Families,* New York, Vanguard, 1938.
Besonders gute Beschreibung der Wallstreet-Kontrolle über Woodrow Wilson.
McAdoo, William G., *Crowded Years,* New York, Houghton-Mifflin, 1931.
Offenbart den Zynismus der Leute von Wall Street beim Widerstand gegen den Federal Reserve Act.
Morton, Frederic, *The Rothschilds: A Family Portrait,* New York, Athenum, 1962.
Obwohl schmeichlerisch, enthält dieses Buch viele brauchbare Anhalts-

punkte, die sich, in Verbindung mit anderen Informationen, als Teile des Puzzles einfügen.

Myers, Gustavus, *History of the Great American Fortunes,* New York, Random House, 1936.
Erwähnt die Rolle der europäischen Rothschilds in den Finanzangelegenheiten Amerikas.

Noyes, Alexander Dana, *The Market Place,* Boston, Little, Brown & Company, 1938.
Beschreibt Begebenheiten, die zum Zusammenbruch von 1929 führten.

Pratt, Sereno S., *The Work of Wall Street,* New York, Appleton & Company, 1916.
Deckt die Rolle von Wall Street bei der Beschleunigung des Börsenzusammenbruchs von 1929 auf.

Primer On Money, A — Subcommittee on Domestic Finance, Committee on Banking and Currency, House of Representatives, 88th Congress, U.S. Govt. Printing Office, Washington, D.C.
Berichtet über die Kontrolle der *Federal Reserve* über das Geld- und Bankwesen.

Quigley, Carroll, *Tragedy and Hope,* New York, Macmillan, 1966.
Obwohl Quigley nicht im Widerstreit mit den *Insidern* ist, enthüllt sein monumentales Werk ein Jahrhundert der Machenschaften der *Insider* der internationalen Finanz.

Rothbard, Murray, *America's Great Depression,* Los Angeles, Nash Publishing, 1972.
Dies ist eine ausgezeichnete Quelle für Informationen über die Art und Weise, in der die Federal Reserve den großen Zusammenbruch herbeiführte.

Rothbard, Murray, *What Has Government Done To Our Money?,* Colorado Springs, Colo. Pine Tree Press.
Ausgezeichnetes Pamphlet über die Geschichte des Geldes und wie es mißbraucht wurde.

Sennholz, Hans, „The Great Depression“, *The Freeman,* Oktober 1969.
Beschreibt die Mittel, mit denen die Regierung die Krise verlängert hat.

Sparling, Earl, *Mystery Men of Wall Street,* New York, Greenberg, 1930.
Liefert den Hintergrund zu den zahlreichen Industriemagnaten der Wilson-Ära.

Vanderlip, Frank, „Farm Boy to Financier“, *Saturday Evening Post,* 9. Februar 1935.
Außergewöhnlich enthüllender Artikel über die Erschaffung der *Federal Reserve* durch einen Mann, der darin eine Schlüsselrolle gespielt hat.

Viereck, George S., *The Strangest Friendship in History,* New York, Liveright, 1932.
Dieses sehr bedeutende Buch schildert die Rolle von „Colonel“ House während der Amtszeit von Woodrow Wilson.

von Mises, Ludwig, *Human Action,* New Haven, Yale University Press, 1949.
Einer der bedeutendsten Verfechter des Freien Unternehmertums diskutiert, warum jenes funktioniert und warum der Kollektivismus fehlschlägt.

Voorhis, Jerry, *Out of Dept — Out of Danger,* New York, Devin-Adair, 1943.
Der von Richard Nixon, am Beginn von Nixons politischer Karriere, besiegte Kongreßabgeordnete analysiert die Konsequenzen der internationalen Bank- und Federal-Reserve-Kontrolle für das Geldsystem der Nation.

Warburg, James, *The Long Road Home,* New York, Doubleday, 1964.
Erwähnt die Rolle seines Vaters bei der Erschaffung der Federal Reserve.

Warburg, Paul, *The Federal Reserve System,* New York, Macmillan, 1930
Die Geschichte aus „erster Hand", jedoch mit vielen wichtigen Abstrichen.

Wechsberg, Joseph, *The Merchant Bankers,* Boston, Little, Brown and Co., 1966.
Kurze Zusammenfassung der englischen *Insider,* einschließlich der Rothschilds, Warburgs und Lehmans.

White, Andrew D., *Fiat Money Inflation in France,* Foundation for Economic Education, Irvington-on-Hudson, N. Y., 1939.
Beschreibt die Umstände mit dem Beginn des Papiergeldes.

DIE BOLSCHEWISTISCHE REVOLUTION

Birmingham, Stephen, *Our Crowd,* New York, Dell, 1967.
Führt den interessanten Hintergrund der Schiff- und Warburg-Familien an.

Brasol, Boris, *The World At The Crossroads,* Boston, Hutchinson & Co., 1921.
Ehemaliger zaristischer Beamter; diskutiert die Bolschewistische Revolution und ihre Financiers.

Budenz, Louis F., *Bolshevik Invasion of the West,* Linden, New Jersey, Bookmailer, 1966.
Vermerkt die freundlichen Beziehungen zwischen Wall Street und dem Kreml.

Creel, George, *The German-Bolshevik Conspiracy,* The Committee on Public Information, Wash., D.C., 1918.
Präsentiert Dokumente von Sisson, die die Verwicklung von Max Warburg und anderen Deutschen in die Finanzierung Lenins zeigen. Ignoriert die New Yorker Finanzierung von Trotzki.

de Goulevitch, Arsene, *Czarism and the Revolution,* Omni Publications, Hawthorne, Calif., 1961 (Neudruck).
Belegt ausgezeichnet die bolschewistische Finanzierung.

Dillon, Dr. E. J., *The Inside Story of the Peace Conference*, New York, Harper & Brothers, 1920.
Zeigt am deutlichsten die Hilfe, die den Bolschewiken durch die *Insider* in Versailles zuteil wurde.
Forbes, B. O., *Men Who Are Making America*, New York, B. C. Forbes Publishing Company, Inc., 1922.
Enthält die Biographie von Schiff und beschreibt dessen Rolle im Establishment der Federal Reserve wie auch seine Sympathie für die Bolschewiken.
Hagedorn, Hermann, *The Magnate*, New York, John Day.
Bezieht sich auf Morgans Strohmann, der in den Transfer von einer Million Dollar an die Bolschewiken verwickelt war.
Hunter, Robert, *Revolution, Why, How, Where*, Harper & Brothers, New York, 1940.
Kennan, George F., *Russia And the West Under Lenin and Stalin*, Little, Brown & Co., 1960—61.

Kerensky, Alexander, *The Crucifixon of Liberty*, New York, John Day, 1934.
Wird zur Unterstützung der Behauptungen von Edgar Sisson über die Deutsch-Bolschewistische Verschwörung in Possonys *A Century of Conflict* zitiert.
Papers Relating to the Foreign Relations of the United States—Russia, 1918, House of Representatives Document Nr. 1868, Band 1, U. S. Govt., Printing Office, Wash., D.C.
Bericht über die Finanzierung der Bolschewistischen Revolution.
Seymour, Charles, *Intimate Papers of Colonel House*, New York, Houghton-Mifflin, 1928, 4 Bände.
Stellenweise sehr enthüllend in Verbindung mit anderen Informationen.
Shub, David, *Lenin*, Baltimore, Md., Penguin Books, 1967.
Sisson, Edgar, *One Hundred Red Days: A Personal Chronicle of the Bolshevik Revolution*, New Haven, Yale, 1931.
Der Anhang enthält einen Deutsch-Bolschewistischen Verschwörungsbericht.

Skousen, W. Cleon, *The Naked Communist*, Ensign Publications, 1958.
Ein Handbuch über den Marxismus-Leninismus, den Aufstieg der Kommunisten zur Macht und deren Aktivitäten seit jener Zeit.
Sorokin, P. A., *Man and Society in Calamity*, E. P. Dutton & Co., New York, 1943.
Steffens, Lincoln, *The Autobiography of Lincoln Steffens*, New York, Harcourt, Brace & Co., 1931.
Der radikale Pro-Kommunist Steffens begleitete Trotzki auf seiner Reise von New York nach Rußland.
Webster, Nesta, und Kerlan, Kurt, *Boche and Bolshevik*, New York, The Beckwith Co., 1923.

Abhandlung über die Rolle Deutschlands und der Internationalen Bankiers bei der Bolschewistischen Revolution.
Willert, Arthur, *The Road to Safety,* London, Derek, Verschoyle, 1952.
Berichtet über das Zusammentreffen von Trotzki und Lenin, ihre Reise nach Rußland und warum sie dazu in der Lage waren.
Zeman, Z. A. B., und Scharlau, W. B., *The Merchant of Revolution,* Oxford University Press, 1965.
Untertitel: Das Leben von Alexander Israel Helphand (Parvus). Enthält Informationen über die Deutsche Finanzierung der Bolschewiken.

ERSTER WELTKRIEG

Barnes, Harry Elmer, *Genesis of the World War,* New York, Alfred A. Knopf, 1927.
Eine der ursprünglichen Entschleierungen der mutmaßlichen Ursachen des Ersten Weltkriegs.
dos Passos, John, *Mr. Wilson's War,* Garden City, N.Y., Doubleday, 1962.
Offenbart Wilsons Abneigung, die Bolschewiken zu verletzen, sehr zur Überraschung des amerikanischen Botschafters Francis.
Fay, Sidney B., *Origin Of The World War,* New York, Macmillan, 2 Bände in einem, 1931.
Grundlegendes, überarbeitetes Handbuch über den Ersten Weltkrieg.
Foreign Relations of the United States, Paris Peace Conference, 1919, Band 1 und 2, 1942, U. S. Government Printing Office.
Foreign Relations of the United States, The Lansing Papers 1914—1920, Band 1, U. S. Government Printing Office, 1939.
George, Alexander und Juliette, *Woodrow Wilson and Colonel House,* New York, John Day, 1956.
Erwähnt, daß der Erste Weltkrieg viele Jahre zuvor von europäischen geheimen Gesellschaften geplant worden war.
Lockhart, R. H. Bruce, *British Agent,* G. P. Putnam's Sons, New York und London, 1933.
My Memoirs: 1878—1918, Ex-Kaiser Wilhelm II, London, New York, Toronto und Melbourne, Cassell and Company, Ltd., 1922.
Neilson, Francis, *Makers of War,* Appleton, Wis., C. C. Nelson Co., 1950.
Abhandlung über den Sussex-Zwischenfall, um Amerika in den Krieg zu ziehen.
Neilson, Francis, M. C., *How Diplomats Make War,* B. W. Huebsch, & Co., Inc., 1928.
Ponsonby, Arthur, *Falsehood In War Time,* New York, E. P. Dutton New York, 1916.
Vertieft sich in den Zynismus der alliierten Propaganda während des Ersten Weltkriegs.
Strasser, Otto, *History In My Time,* London, Jonathan Cape, 1941.

Berichtet über die Gruppen hinter der Ermordung des Erzherzogs Franz Ferdinand im Jahre 1914.

Tansill, Charles Callan, *America Goes To War*, Boston, Little, Brown, 1938.
Außergewöhnlich sorgfältig überprüfte Geschichte von Amerikas Eintritt in den Ersten Weltkrieg.

Viereck, George Sylvester, *Spreading Germs of Hate*, New York, Horace Liveright, 1930.
Vergleich zwischen alliierter und deutscher Kriegspropaganda. Das Vorwort schrieb Edward M. House, dessen Kontrolle über Wilson und dessen Verschulden, als er half, Amerika in den Ersten Weltkrieg zu treiben, zwei Jahre später in Vierecks *The Strangest Friendship in History* enthüllt wurden.

Von Clausewitz, Karl, *War, Politics and Power*, Einführung von Edward M. Collins, A Gateway Edition, Henry Regnery, Chicago, 1962.

ZWEITER WELTKRIEG UND KOMMUNISMUS

Barnes, Dr. Harry Elmer, *Perpetual War for Perpetual Peace*, Caxton Printers, Ltd., Caldwell, Idaho, 1953.

Beard, Charles A., *President Roosevelt and the Coming of the War, 1941*, Yale University Press, 1948.

Cooper, Duff, *The Second World War*, New York, Scribner's, 1939.
Die Ansicht eines britischen *Insiders,* der mit Lord Halifax zusammen großen Anteil daran hatte, den Konflikt zu fördern, über den er schrieb.

Gisevius, Hans Bernd, *To The Bitter End*, Boston, Houghton Mifflin, 1947.
Besonders interessant in Beziehung auf die Roten in den oberen Nazi-Kreisen.

Halifax, Lord, *American Speeches*, New York, Oxford University Press, 1947.
Einige dieser Reden sind hinsichtlich dessen, was dieser *Insider* förderte, höchst interessant.

Martin, James, *All Honorable Men*, New York, Little, Brown & Co., 1950.
Schildert ausgezeichnet die Manöver der Internationalen Bankiers hinter den Kulissen, um den Zweiten Weltkrieg voranzutreiben und aus seinen Nachwirkungen Nutzen zu ziehen.

Neilson, Francis, *The Makers of War*, Appleton, Wis., C. C. Nelson Co., 1950.
Ein sehr wertvolles Buch über die Machenschaften der *Insider* in Amerika und England.

Nyomarkay, Joseph, *Charisma and Factionalism in the Nazi Party*, Minneapolis, Univ. of Minn. Press, 1967.

Sehr gut in Berichten über Kommunisten in der Nazi-Bewegung und ihrem Anteil an deren Aufbau.

Possony, Stefan T., *A Century of Conflict,* Chicago, Regnery, 1953. Siehe die Kapitel über „Die Deutsch-Bolschewistische Verschwörung“ und „Geburtshelfer des Nazi-Reichs“.

Reed, Douglas, *Nemesis: The Story of Otto Strasser And The Black Front,* New York, Boston, Houghton Mifflin, 1940.
Zeigt marxistische Orientierung bei einem Teil der Nazi-Führerschaft.

Sanborn, Frederic R., *Design For War,* New York, Devin-Adair, 1951. Ausgezeichnet in der Erkenntnis über die Ursachen des Zweiten Weltkriegs.

Sasuly, Richard, *I.G. Farben,* New York, Boni & Gaer, 1947.
Die Geschichte des Deutschen Chemie-Konzerns, der Hitlers Aufstieg zur totalen Macht in Deutschland so gewaltig unterstützte und dessen juristische Probleme durch Allen Dulles' Rechtsanwaltspraxis gehandhabt wurden.

Strasser, Otto, *Hitler And I,* Boston, Houghton Mifflin Co., 1940.
Der Hintergrund Hitlers und seiner Bewegung, von einem ehemaligen Kampfgenossen.

Sturdza, Prince Michel, *The Suicide of Europe,* Boston und Los Angeles, Western Islands, 1968.
Der ehemalige Außenminister von Rumänien behandelt die Rolle der *Insider* in der europäischen Politik vor Beginn des Ersten Weltkriegs bis zum Ende des Zweiten Weltkriegs.

Taylor, A. J. P., *Origins Of The Second World War,* London, Hamish Hamilton, 1961.
Eine der wenigen gründlich überarbeiteten Studien über die Ursachen des Zweiten Weltkriegs.

Thyssen, Fritz, *I Paid Hitler,* New York, Farrar & Rinehart, 1941.
Ein deutscher Spitzenindustrieller, der von Hitler enttäuscht wurde und dem Dritten Reich entfloh, offenbart die Rolle, die die Bankiers und Industriellen bei Adolf Hitlers Aufstieg zur Macht spielten.

Valtin, Jan, *Out Of The Night,* New York, Alliance, 1941.
Wie die Roten die Nazis in Deutschland an die Macht brachten.

DAS COUNCIL ON FOREIGN RELATIONS (CFR) UND DAS ESTABLISHMENT

Allen, Gary, *Richard Nixon — The Man Behind the Mask,* Boston und Los Angeles, Western Islands, 1971.
Tiefgründige Studie über den Aufstieg und die Regierungszeit von Richard Nixon; umfaßt seine Beziehung zu den Rockefellers.

Barron, Bryton, *The Untouchable State Department,* Springfield, Va., Crestwood, 1962.

Intime Einblicke in das CFR-kontrollierte State Department.
Browder, Earl, *Victory — And After*, New York, International, 1942.
Das kommunistische Postulat für die Vereinigten Staaten.
Carter, John Franklin, *Our Lords and Masters*, by the Unofficial Observer, Simon and Schuster, New York, 1935.
Carter, John Franklin, *The New Dealers*, by the Unofficial Observer, The Literary Guild, New York, 1934.
Cerf, Jay H., und Pozen, Walter (Herausgeber), *Strategy for the 60's*, New York, Frederick A. Praeger, 1961.
Enthält die CFR-Studie Nr. 7, die eine Weltregierung fordert.
Dall, Curtis, *F.D.R. — My Exploited Father-In-Law*, Tulsa, Christian Crusade Publications, 1968.
Verblüffender persönlicher Rechenschaftsbericht aus der Welt der Hochfinanz und der Superpolitik.
Dormhoff, William G., *Who Rules America*, Prentice-Hall, Inc., New Jersey, 1967.
Flynn, John T., *Men of Wealth*, New York, Simon and Schuster, 1941.
Enthält zusammengefaßte Biographien verschiedener *Insider* der Vergangenheit.
Gannon, Francis X., *Biographical Dictionary Of The Left*, Band 1 und 2, Boston, Western Islands, 1971.
Ausgezeichnete biographische Umrisse vieler *Insider*.
Hamill, John, *The Strange Career of Mr. Hoover Under Two Flags*, New York, William Faro, Inc., 1931.
Schildert Mr. Hoovers Leben als Laufbursche für die *Insider*.
Hoffman, William, *David: Report On A Rockefeller*, New York, Lyle Stuart, 1971.
Trotz des fanatischen Linksdralls ist dies eine ausgezeichnete Untersuchung über die Macht der Rockefellers, der Standard Oil und der Chase Manhattan Bank.
Johnson, Gerald W., *An Honorable Titan*, Eine biographische Studie über Adolph S. Oches, Harper & Brother Publishers, New York, 1946.
Jordan, Major George Racey, *From Major Jordan's Diaries*, Boston, Western Islands, 1965.
Die unglaubliche Geschichte des Transfers amerikanischer Technologie, Patente und Materialien an die Sowjets während des Zweiten Weltkriegs.
Kunen, James, *The Strawberry Statement: Notes of a College Revolutionary*, New York, Random House.
Offenbart, wieso die Superreichen an der Spitze an der Finanzierung der Straßen-Revolutionäre interessiert sind.
Lundberg, Ferdinand, *The Rich and the Super-Rich*, New York, Lyle Stuart, 1968.
Obgleich M. Lundberg nicht versteht, daß der Sozialismus ein Werkzeug der Superreichen ist, liefert seine Untersuchung eine brauchbare Menge wertvoller Informationen.

Lyons, Eugene, *The Red Decade,* Indianapolis, Bobbs-Merrill, 1941.
Enthält Information über die pro-kommunistischen Neigungen der *New Republic,* die, laut Quigley, durch die Erben von Standard Oil finanziert wurde.

Martin, James J., *Revisionist Viewpoints,* Colorado Springs, Colo., 1971.
Enthält Aspekte des Zweiten Weltkriegs und des Kalten Kriegs. Zitiert John Maynard Keynes hinsichtlich der Tatsache, daß dessen System am besten in einer Diktatur funktioniert.

McFadden, Louis T., *Collective Speeches of Congressman McFadden,* Hawthorne, Calif., Omni Publications, 1970.
Eine Goldgrube an Informationen über die internationalen Finanziers, vom ehemaligen Vorsitzenden des House Banking Committee.

Millin, Sarah Gertrude, *Cecil Rhodes,* Harper & Brothers, New York and London, 1933.

Neumann, Robert, *Zaharoff,* Alfred A. Knopf, New York, 1935.

Schlafly, Phyllis, *A Choice Not An Echo,* Alton, Ill., Pere Marquette Press, 1963.
Liefert Information über die CFR-*Insider*-Kontrolle über die Spitze der Republikanischen Partei.

Shepardson, Whitney H., *Early History of the C.F.R.,* Stamford, Conn., The Overbrook Press, 1960.
Eine privat gedruckte, begrenzte Auflage mit einer Zusammenfassung über die Gründung des Council on Foreign Relations (CFR), worin die hervorragend gespielten Rollen von Colonel House, Paul Warburg und anderen *Insidern* erwähnt werden.

Smith, Arthur D. Howden, *Men Who Run America,* Bobbs Merrill, 1935.

Smoot, Dan, *The Invisible Government,* The Dan Smoot Report, Inc., Dallas, 1962.

Stang, Alan, *The Actor,* Boston and Los Angeles, Western Islands, 1968.
John Forster Dulles und sein Bruder Allen waren Schlüssel-*Insider* während nahezu vier Jahrzehnten. Ein bedeutendes Buch über die Verschwörung.

Stettinius, Secretary of State Edward R., *State Department Publication 2349.*
Bericht an den Präsidenten über die Ergebnisse der San-Franzisko-Konferenz.

Sutton, Antony C., *Western Technology and Soviet Economic Development,* Band 1 und 2, Hoover Institution, Stanford, 1968.

Webster, Nesta, *The Surrender of an Empire,* London, Boswell, Ltd., 1931.
Umfaßt den Ersten Weltkrieg, die Bolschewiken und die Arbeit des

Königlichen Instituts für Internationale Angelegenheiten bei der Preisgabe des Britischen Empire.
White, Theodore, *The Making Of The President, 1960*, New York, Athenum Publishers.
Liefert Information über Nixons Auslieferung an Rockefeller, die der 1960er Kampagne vorausging.
Winkler, John K., *Morgan the Magnificent, The Life of J. Piermont Morgan*, Doubleday, Doran & Co., Inc., Garden City, New York, 1932.
Winkler, John K., *John D. — A Portrait in Oils*, The Vanguard Press, New York, 1920.
Wormser, Rene, *Foundations: Their Power and Influence*, New York, Devin-Adair, 1958.
Informationen zu den Rockefeller- und Carnegie-Stiftungen.

INDEX

DIE BILDERBERG-GRUPPE
US-MITGLIEDER
(einstige und jetzige)
(* zugleich Mitglieder oder Funktionäre im CFR)

BERATUNGSAUSSCHUSS

Joseph E. Johnson*
Dean Rusk*
Arthur H. Dean*
George Nebolsine*
John S. Coleman*
Gen. Walter Bedell Smith*
Henry J. Heinz II.*

ORGANISATIONSAUSSCHUSS

George W. Ball*
Gardner Cowles*
John H. Ferguson*
Henry J. Heinz II.*
Robert D. Murphy*
David Rockefeller*
Shepard Stone*
James D. Zellerbach*
Emelio G. Collado*
Arthur H. Dean*
Gabriel Hauge*
C. D. Jackson*
George Nebolsine*
Dean Rusk*
Gen. Walter Bedell Smith*

AKTIVE MITGLIEDER

Acheson, Dean G.*
Achilles, Theodore C.*
Allison, Graham T.
Andersen, Robert O.
Barbour, Walworth
Beebe, Frederick S.*
Bell, David E.*
Bell, Elliot V.*
Bendetsen, Karl R.
Bingham, Barry
Black, Eugene R.*
Blum, Robert
Bolling, Richard
Brademas, John
Brandt, Karl
Brooke, Sen. Edward
Brewster, Kingman, Jr.*
Brown, Irving*
Bruce, David K. E.*
Brezinski, Zbigniew*
Bundy, McGeorge*
Burgess, E. Randolph*
Cabot, Louis W.*
Case, Sen. Clifford P.*
Cisler, Walker L.*
Cleveland, Harlan*
Cole, David L.
Cooke, Donald C.
Copeland, I. duPont*
Cordier, Andrew W*
Corson, John J.
Deming, Frederick*
Dewey, Thomas E.*
Diebold, John*
Dodge, Joseph N.
Donovan, Hedley*
Dunlop, John T.
Duster, Donald L.
Elliot, Osborne
Finletter, Thomas K.*
Flanders, Sen. Ralph E.*
Ford, Rep. Gerald R., Jr.
Ford, Henry II.
Foster, William C.*
Frankel, Max*
Fraser, Rep. Donald M.
Frelinghuysen, Rep.
Fulbright, Sen. J. W.*
Gallagher, Rep. C. E*
Garner, Robert L.*
Gilpatric, Roswell L.*
Golden, Clinton S.
Goodpaster, Andrew*
Gordon, Lincoln*
Gossett, William T.
Gruenther, Gen. Alfred M.*
Hatstad, Lawrence R.*
Harris, Sen. Fred
Harsch, Joseph C.*
Hays, Rep. Brooks*
Hellperin, Michael A.*
Herter, Christian A.*
Hewitt, William A.
Hickenlooper, Sen. B.
Hochschild, Harold K.*
Hoffman, Paul G.*
Hoffman, Stanley*
Hollfield, Rep. Chet.
Horning, Donald F.
Hughes, Thomas L.
Irwin, Donald J.
Jackson, Sen. Henry M.
Jackson, William H.*
Javits, Sen. Jacob K.*
Jay, Nelson Dean*

McCormack, James*
McDonald, David J.
McGee, Gale W.*
McGhee, George C.*
McGill, Ralph E.
McGregor, Ian K.
McNamara, Robert Strange*
McNaughton, John T.
Monroney, Sen. A. S. Mike
Katz, Milton*
Kayson, Carl*
Keener, Jefferson W.
Kennan, George F.*
Kennedy, David M.
Kissinger, Henry A.*
Knoppers, Antonie T.*
Kraft, Joseph*
Lindsay, Franklin A.*
Litchfield, Lawrence, Jr.
Littlejohn, Edward
MacDonald, Gordon J.
Mallard, William S.
Martin, Edwin M.*
Mason, Edward S.*
Mathias, Rep. C. McC., Jr.
McCloy, John J.*
Morse, F. Bradford
Mosley, Philip E.*
Moyers, Bill D.*
Nash, Frank C.
Neal, Alfred C.*
Newhouse, John
Nitze, Paul H.*
Norstad, Lauris*
Parker, Cola G.
Patterson, Morehead
Payne, Frederick B.*
Pease, Robert
Perkins, George W.
Perkins, James A.*
Petersen, Howard C.*
Piel, Gerard*
Piore, Emanuel R.
Price, Don. K.*
Rabi, Isidore I.*
Reston, James B.*
Reuss, Henry*
Reuther, Walter P.*
Riegle, Rep. Donald W.
Roberts, Henry Lithgow*
Rockefeller IV., John D.*
Rockefeller, Nelson*
Roosa, Robert V.*
Rostow, Eugene V.*
Ryan, John T.*
Samuelson, Paul A.
Schmidt, Adolph W.*
Schnitzler, William F.
Scott, Sen. Hugh
Shulman, Marshall D.*
Slater, Joseph E.
Smith, Adm. H. Page*
Spang, Josef P., Jr.
Sparkman, Sen. John
Spofford, Charles M.*
Stein, Howard
Stevenson, Adlai III.*
Sulzberger, Arthur Hays*
Sulzberger, Cyrus L.*
Tuthill, John W.*
Vernon, Raymond*
Vogt, Lt. Gen. John W.*
Vorys, Rep. John M.
Wicker, Thomas G.
Wilcox, Francis O.*
Wilde, Frazer B.*
Wiley, Sen. Alexander
Wohlstetter, Albert*
Wriston, Walter B.*

VORSTANDSMITGLIEDER UND DIREKTOREN DES CFR SEIT SEINER GRÜNDUNG IM JAHRE 1921 BIS 1969

Erstes Direktionsgremium
Isiah Bowerman, 1921—1950
Archibald Cary Coolidge, 1921—1928
Paul D. Cravath, 1921—1940
John W. Davis, 1921—1955
Norman H. Davis, 1921—1944
Stephen P. Duggan, 1921—1950
John H. Finley, 1921—1929
Edwin F. Gay, 1921—1945
David F. Houston, 1921—1927
Otto H. Kahn, 1921—1934
Frank L. Polk, 1921—1943
Whitney H. Shepardson, 1921—1966
William R. Sheperd, 1921—1927
Paul M. Warburg, 1921—1932
George M. Wickersham, 1921—1936

Nachfolgende Direktoren in der Reihenfolge ihres Amtsantritts
Allen W. Dulles, 1927—1969
R. C. Leffingwell, 1927—1960
George O. May, 1927—1953
Wesley C. Mitchell, 1927—1934
Owen D. Young, 1927—1940
Hamilton Fish Armstrong, 1928
Charles P. Howland, 1929—1931
Walter Lippmann, 1932—1937
Clarence M. Wooley, 1932—1935
Frank Altschul, 1934
Philip C. Jessup, 1934—1942
Harold W. Dodds, 1935—1943
Leon Fraser, 1936—1945
John H. Williams*, 1937—1964

Lewis W. Douglas*, 1940—1964
Edward Warner, 1940—1945
Clarence E. Hunter, 1942—1953
Myron C. Taylor, 1932—1959
Henry M. Wriston*, 1943—1967
Thomas K. Finletter*, 1944—1967
William A. M. Burden, 1945
Walter H. Mallory*, 1945—1968
Philip D. Reed*, 1945—1969
Winfield W. Riefler, 1945—1950
David Rockefeller, 1949
W. Averell Harriman, 1950—1955
Joseph E. Johnson, 1950
Grayson Kirk, 1950
Devereux C. Josephs, 1951—1958
Elliot V. Bell*, 1953—1966
John J. Mcloy, I953
Arthur H. Dean, 1955
Charles M. Spofford, 1955
Adlai E. Stevenson, 1958—1962
William C. Foster, 1959
Caryl P. Haskins, 1961
James A. Perkins, 1963
William P. Bundy, 1964
Gabriel Hauge, 1964
Caroll L. Wilson, 1964
Douglas Dillon, 1965
Henry R. Labouisse, 1965
Robert V. Roosa, 1966
Lucian W. Pye, 1966
Alfred C. Neal, 1967
Bill D. Mayers, 1967
Cyrus A. Vance, 1966
Hedley Donovan, 1969
* *Direktor im Ruhestand*

Ehrenpräsidenten bis 1969
Elihu Root, 1921—1937
Henry M. Wriston, 1964

Vorstandsvorsitzende
R. C. Leffingwell, 1946—1953
John C. McCloy, 1953

Präsidenten
John W. Davis, 1921—1933
George W. Wilkersham, 1933—1936
Norman H. Davis, 1936—1944
R. C. Leffingwell, 1944—1946
Allen W. Dulles, 1946—1950
Henry M. Wriston, 1951—1964

Vizepräsidenten
Paul D. Cravath, 1921—1933
Norman H. Davis, 1933-1936
Edwin F. Gray, 1933—1940
Frank L. Polk, 1940—1943
R. C. Leffingwell, 1943—1944
Allen W. Dulles, 1944—1946
Isaiah Bowman, 1945—1949
Henry M. Wriston, 1950—1951
David Rockefeller, 1950
Frank Altschul, 1951
Devereux C. Josephs, 1951—1952

Geschäftsführer
Edwin F. Gay, 1921—1933
Allen W. Dulles, 1933—1944
Frank Altschul, 1944

Schatzmeister
Edwin F. Gay, 1921—1933
Whitney H. Shepardson, 1933—1942
Clarence E. Hunter, 1942—1951
Devereux C. Josephs, 1951—1952
Elliot V. Bell, 1952—1964
Gabriel Hauge, 1964

Leitende Direktoren
Hamilton Fish Armstrong, 1922—1928
Malcolm W. Davis, 1925—1927
Walter H. Mallory, 1927—1959
George S. Franklin, Jr., 1953

MITGLIEDER DES COUNCIL ON FOREIGN RELATIONS
VORSTANDSMITGLIEDER

1970—1971

David Rockefeller	Vorstandsvorsitzender
Grayson Kirk	Präsident
Frank Altschul	Vizepräsident und Geschäftsführer
Gabriel Hauge	Schatzmeister
John J. McCloy*	Ehrenvorsitzender
Henry M. Wriston	Ehrenpräsident
George S. Franklin, Jr.	Leitender Direktor
David W. MacEachron	Stellvertr. Leitender Direktor
John Temple Swing	Beigeordneter Leitender Direktor

* Vorsitzender bis November 1970

DIREKTOREN

Amtszeit abgelaufen 1971

Frank Altschul
William P. Bundy
William A. M. Burden
Arthur H. Dean
Joseph E. Johnson
Grayson Kirk
Henry R. Labouisse
Bill D. Moyers

Amtszeit abgelaufen 1972

Douglas Dillon
Hedley Donovan
William C. Foster
Najeeb E. Halaby
Caryl P. Haskins
John J. McCloy
Robert V. Roosa
Cyrus R. Vance

Amtszeit abgelaufen 1973

Hamilton Fish Armstrong
Gabriel Hauge
Alfred C. Neal
James A. Perkins
Lucian W. Pye
David Rockefeller
Charles M. Spofford
Carroll L. Wilson

Direktoren im Ruhestand

Elliot V. Bell
Lewis W. Douglas
Thomas K. Finletter
Walter H. Mallory
Philip D. Reed
John H. Williams
Henry M. Wriston

Abel, Elie
Abram, Morris B.
Akers, Anthony B.
Albrecht-Carrie, Rene
Aldrich, Winthrop W.
Alexander, Archibald S.
Alexander, Robert J.
Allan, F. Aley
Allen, Philip E.
Alley, James B.
Allport, Alexander W.
Alpern, Alan N.
Altschul, Arthur G.
Altschul, Frank
Ames, Amyas
Ammidon, Hoyt
Anderson, Robert B.
Anschuetz, Norbert L.
Armour, Norman
Armstrong, Hamilton Fish
Armstrong, Willis C.
Ascoli, Max
Attwood, William
Ault, Bromwell

Backer, George
Baird, Charles F.
Baldwin, Robert H. B.
Ball, George W.
Ballard, Allan B.
Bancraft, Harding F.
Banks, Louis L.
Barber, Charles F.
Barber, Joseph
Barker, Robert R.
Barlow, William E.
Barnds, William J.
Barnes, Robert G.
Barnett, Frank R.
Barrand, Harry P., Jr.
Barrett, Edward W.
Barzun, Jacques
Bassow, Whitman
Bastedo, Philip
Bator, Peter A.
Becker, Loftus E.
Beebe Frederick S.
Beinecke, William S.
Bell, David E.
Benjamin, Robert S.
Benton, William
Beplat, Tristan E.
Berger, Peter L.
Bernstein, Robert L.
Bessie, Simon Michael
Bienstock, Abraham L.
Bingham, Jonathan B.
Birkelund, John P.
Black, Joseph E.
Black, Peter
Blough, Roger M.
Blough, Roy
Blum, John A.
Bogdan, Norbert A.
Bolte, Charles G.
Bonsal, Dudley B.
Borch, Fred J.
Borton, Hugh
Bowers, John Z.
Boyd, Hugh N.
Boyd, William M., 2nd
Brodshaw, Thornton F.
Braxton, Carter M.
Breck, Henry C.
Brennan, Donald C.
Brisco, Milo M.
Brittenham, Raymond L.
Bronk, Detlev W.
Brooks, John W.
Brown, Courtney C.
Brown, Irving
Brown, Walter L.
Brownell, George A.
Brezinski, Zbigniew
Bullock, Hugh
Bundy, McGeorge
Burden, William A. M.
Burgess, Carter L.
Burkhardt, Frederick
Burnett, John G.
Burns, Patrick Owen
Bush, Donald F.
Bush, George H. W.
Bushner, Rolland H.
Butcher, Willard C.
Butler, William F.
Buttenwieser, Benjamin J.

Cabell, Richard A.
Cahill, Jane P.
Calder, Alexander, Jr.
Calhoun, Alexander D.
Camp, Hugh D.
Campbell, John C.
Campbell, John Franklin
Campbell, Nicholas J., Jr.
Canfield, Cass
Canfield, Franklin O.
Carey, Andrew G.
Carroll, Mitchel B.
Carter, George E.
Carter, William D.
Cary, William L.
Case, John C.
Cates, John M., Jr.
Chace, James C.
Chase, W. Howard
Chittenden, George H.
Christopher, Robert C.
Chubb, Hendon, 2nd
Chubb, Percy, 2nd
Church, Edgar M.
Clay, Gen. Lucius D.
Cleveland, Harold van B.
Coffin, Edmund
Cohen, Jerome B.
Cohen, Stephen B.
Coles, James S.
Collado, Emilio G.
Colwell, Kent G.
Conant, James B.
Conant, Melvin A.
Connor, John T.
Considine, Rev. John J., M. M.
Cook, Howard A.
Coolidge, Nicholas J.
Coombs, Charles A.
Cordier, Andrew W.
Costanzo, G. A.
Cotter, William R.
Coughran, Tom B.
Cousins, Norman
Cowan, Louis G.
Cowles, Gardner
Crassweller, Robert D.
Creel, Dana S.
Cummings, Robert L.
Curtis, Gerald L.
Cusick, Peter

Darlington, Charles F.
Darell, Norris
Davidson, Ralph K.
Davis, John A.
Davison, W. Philips
Dean, Arthur H.
Debevoise, Eli Whitney
De Cubas, Jose
De Lima, Oscar A.
Deming, Frederick L.
Dennison, Charles S.
De Rosso, Alphonse
Derryck, Vivian L.
De Vries, Henry P.
Diebold, John
Diebold, William, Jr.
Dillon, Clarence
Dillon, Douglas
Dilworth, J. Richardson
Dodge, Cleveland E.
Dolin, Arnold
Donahue, Donald J.
Donnell, Ellsworth
Donovan, Hedley
Dorr, Goldthwaite H.
Dorwin, Oscar John
Douglas, Lewis W.
Douglas, Paul W.
Dubinsky, David
Duffy, James H.
Durkee, William P.

Eagle, Vernon A.
Eaton, Frederick M.
Edelman, Albert I.
Edelstein, Julius C. C.
Edwards, Howard L.
Eichelberger, Clark M.
Elliott, L. W.
Elliott, Osborn
Elson, Robert T.
Emmet, Christopher
Engel, Irving M.
Ewing, Sherman
Ewing, William, Jr.
Exter, John

Feer, Mark C.
Field, William Osgood, Jr.
Finger, Seymour M.
Finlay, Luke W.
Finletter, Thomas K.
Finn, James
Finney, Paul B.
Fleck, G. Peter
Ford, Nevil
Forrestal, Michael V.
Fowler, Henry H.
Fox, Joseph C.
Fox, William T. R.
Frankel, Charles
Franklin, George S., Jr.
Frasche, Dean F.
Fredericks, J. Wayne
Frelinghuysen, Peter H. B.
French, John
Freudenthal, David M.
Freund, Gerald
Friele, Berent
Friendly, Henry J.
Frye, William R.
Fuerbringer, Otto
Fuller, C. Dale
Funkhouser, E. N., Jr.

Gage, Harlow W.
Gallatin, James P.
Gardner, Richard N.
Garretson, Albert H.
Garrison, Lloyd K.
Garvin, Clifton C., Jr.
Garvy, George
Garwin, Richard L.
Gates, Thomas S.
Gelb, Richard L.
Geneen, Harold S.
Gideonse, Harry D.
Gillespie, S. Hazard
Gilpatric, Roswell L.
Golden, William T.
Goldin, Harrison J.
Goldstone, Harmon H.
Goodrich, Leland M.
Gordon, Albert H.
Grace, J. Peter
Graff, Robert D.

Granville, Maurice F.
Grazier, Joseph A.
Greenfield, James L.
Griffith, Thomas
Grimm, Peter
Gross, Ernest A.
Grover, Allen
Gruson, Sydney
Gurfein, Murray I.

Hager, Eric H.
Haight, George W.
Halaby, Najeeb E.
Halberstam, David
Hall, Floyd D.
Hamilton, Edward K.
Hamilton, Fowler
Hance, William A.
Harari, Maurice
Harrar, J. G.
Haskell, Broderick
Hauge, Gabriel
Hauser, Rita E.
Hayes, Alfred
Hayes, Samuel P.
Haynes, Ulric, Jr.
Haywood, Oliver G.
Hazard, John N.
Heath, Donald R.
Heckscher, August
Helander, Robert C.
Hellmann, F. Warren
Helm, Harold H.
Henderson, William
Henkin, Louis
Herod, W. Rogers
Herzog, Paul M.
Hester, James M.
Hickey, William M.
Highet, Keith
Hill, James T., Jr.
Hilsman, Roger
Hochschild, Harold K.
Hochschild, Walter
Hoffmann, Paul G.
Hoglund, Elis S.
Hoguet, Robert L.
Hohenberg, John
Holland, Kenneth
Holmes, Alan R.
Holt, L. Emmett, Jr.
Homer, Sidney
Hoover, Lyman
Horn, Garfield H.
Horton, Philip C.
Hottelet, Richard C.
Houghton,
Arthur A., Jr.
Hovey, Allan, Jr.
Howard, John B.
Howell, John I.
Hughes, Thomas L.
Hurewitz, J. C.
Hyde, Henry B.
Hyde, James N.

Inglis, John B.
Ireland, R. L., 3rd
Isaacs, Norman E.
Iselin, O'Donnell
Issawi, Charles

Jackson, Elmore
Jackson, William E.
James, George F.
Jamieson, J. K.
Jaretzki, Alfred, Jr.
Jastrow, Robert
Javits, Jacob K.
Jessup, Alpheus W.
Jessup, John K.
Jessup, Philip C.
Johnson, Joseph E.
Jones, David J.
Jones, Gilbert E.
Josephson William H.

Kahn, Herman
Kaminer, Peter H.
Kane, R. Keith
Kassof, Allen H.
Katzenbach,
Nicholas deB.
Keezer, Dexter M.
Keiser, David M.
Kempner,
Maximilian W.
Kenney, F. Donald
Keppel, Francis
Kern, Harry F.
Kettaneh, Francis A.
King, Frederic R.
Kirk, Grayson
Kleiman, Robert
Knight, Douglas
Knight,
Robert Huntington
Knoppers, Antonie T.
Knowlton, Winthrop
Koenig, Robert P.
Korbonski, Andrzej
Kreidler, Robert N.
Kristol, Irving

Labouisse, Henry R.
Lacy, Dan M.
Landry, Lionel
Larkin, Arthur E., Jr.
Larmon, Sigurd S.
LaRoche, Chester J.
Lary, Hal B.
Laukhuff, Perry
LeBaron, Eugene
Lehmann, John R.
Lehmann, Orin
Lehrman, Hal
Leonard, James G.
Leroy, Norbert G.
Leslie, John C.
Levy, Walter J.
Lewis, Flora
Lieberman, Henry R.

Lilienthal, David E.
Lilley, A. N.
Lindquist, Warren T.
Lindsay, George N.
Lindsay, John V.
Linen, James A.
Lissitzyn, Oliver J.
Locke, Edwin A., Jr.
Lockwood, John E.
Loeb, John L.
Loft, George
Loomis, Alfred L.
Loos, Rev. A. William
Lowenfeld, Andreas F.
Loy, Frank E.
Lubar, Robert A.
Lubin, Isador
Luce, Charles F.
Luckey, E. Hugh
Ludt, R. E.
Luke, David L., 3rd
Lyford, Joseph P.

McCance, Thomas
McCarthy, John G.
McCloy, John J.
McCloy, John J., 2nd
McColough, C. Peter
McDermatt, Walsh
McKee, James W., Jr.
McKeever, Porter
McLean, John G.
MacEachron, David W.
MacGregor, Ian K.
MacIntyre, Malcolm A.
Macomber, John D.
Maffry, August
Manning, Bayless
Manshel, Warren D.
Mark, Rev. Julius
Markel, Lester
Marron, Donald B.
Martinuzzi, Leo S., Jr.
Masten, John E.
Mathews, Edward J.
Mattison, Graham D.
Mayer, Gerald M., Jr.
Menke, John R.
Metzger, Herman A.
Meyer, John M., Jr.
Meyer, John R.
Millard, Mark J.
Model, Leo
Moe, Sherwood G.
Moore, George S.
Moore, Maurice T.
Moore,
Rt. Rev. Paul, Jr.
Moore, Walden
Moore, William T.
Moorman, Elliot D.
Morgan, Henry S.
Morgenthau, Hans J.
Morley, James William
Morris, Grinnell
Morrisett, Lloyd N.

Morse, David A.
Mosely, Philip E.
Moyers, Bill D.
Muir, Malcolm
Mulford, David C.
Munroe, George B.
Munroe, Vernon, Jr.
Munyan, Winthrop R.
Murden, Forrest D., Jr.
Murphy, Grayson M. P.
Murphy, J. Morden
Muse, Martha T.

Nagorski, Zygmunt, Jr.
Neal, Alfred C.
Nelson, Clifford C.
Nelson, Merlin E.
Newton, Quigg, Jr.
Nichols, Thomas S.
Nielsen, Waldemar A.
Nimitz, Chester W., Jr.
Nolte, Richard H.
Nolting,
Frederick E., Jr.
Notestein, Frank W.
Novak, Michael
Noyes, Charles Phelps

Oakes, John B.
Ogden, Alfred
Olmstaed, Cecil J.
O'Neill, Michael J.
Osborn, Earl D.
Osborn, Frederick H.
Osborne, Stanley de J.
Ostrander, F. Taylor, Jr.
Overby, Andrew N.
Overton, Douglas W.

Pace, Frank, Jr.
Page, Howard W.
Page, John H.
Page, Walter H.
Paley, William S.
Palfrey, John G.
Parker, Philo W.
Passin, Herbert
Patterson, Ellmore C.
Patterson, Frederick D.
Patterson, Herbert P.
Paul, Roland A.
Payne, Frederick B.
Payne, Samuel B.
Payson, Charles Shipman
Pearson, John E.
Pennoyer, Robert M.
Perkins, James A.
Perkins, Roswell B.
Perry, Hart
Petersen, Gustav H.
Petschek, Stephen R.
Pfaff, William W., 3rd
Philip, Nicholas W.
Phillips, Christopher H.
Picker, Harvey
Pickering, James V.

Piel, Gerald
Pierce, William C.
Piercy George T.
Pierre, Andrew J.
Pierson, Warren Lee
Pifer, Alan
Pike, H. Harvey
Place, John B. M.
Platten, Donald C.
Plimpton, Calvin H.
Plimpton, Francis T. P.
Polk, Judd
Poor, J. Sheppard
Potter, Robert S.
Powers, Joshua B.
Pratt, H. Irving
Probst, George E.
Pulling, Edward
Pusey, Nathan M.

Quigg, Philip W.

Rabi, Isidor I.
Reber, Samuel
Reed, J. V., Jr.
Reed, Philip D.
Reid, Ogden R.
Reid, Whitelaw
Resor, Stanley R.
Reston, James B.
Rheinstein, Alfred
Richardson,
Arthur Berry
Riegelman, Harold
Riesel, Victor
Riordan, James Q.
Robbins, Donald G., Jr.
Roche, James M.
Rockefeller, David
Rockefeller,
John D., 3rd
Rockefeller, Nelson A.
Rockefeller, Rodman C.
Rockhill, Victor E.
Rodriguez, Vincent A.
Roosa, Robert V.
Root, Oren
Rosenstiel, Lewis
Rosenthal, A. M.
Rosenwald, William
Rosin, Alex G.
Ross, T. J.
Ruebhausen, Oscar M.
Russell, T. W., Jr.
Rustow, Dankwart A.

Sachs, Alexander
Salisbury, Harrison E.
Saltzmann, Charles E.
Sargeant, Howland H.
Schachter, Oscar
Schaffner, Joseph Halle
Schiff, John M.
Schiller, A. Arthur
Schilling, Warner R.
Schlesinger, Arthur, Jr.
Schmidt, Herman J.
Schwartz, Harry
Schwartz,
Frederick A. O.
Schwarz,
Frederick, A. O., Jr.
Scott, John
Scott, Stuart N.
Seagrave, Norman P.
Seibold, Frederic C., Jr.
Seitz, Frederick
Seligman, Eustace
Seymour,
Whitney North
Shapiro, Isaac
Sharp, George C.
Sharp, James H.
Sheean, Vincent
Sheeline, Paul C.
Shepard, David A.
Shepard, Frank P.
Shulman, Marshall D.
Shute, Benjamin R.
Silvers, Robert B.
Silvert, K. H.
Sims, Albert G.
Slater, Joseph E.
Slawson, John
Smith,
Carleton Sprague
Smith, Datus C., Jr.
Smith, David S.
Smith, Hayden N.
Smith, W. Mason
Solbert, Peter O. A.
Sommers, Davidson
Sorenson, Theodore C.
Soubry, E. E.
Spofford, Charles M.
Stackpole, Stephen H.
Stamas, Stephen
Stanton, Frank
Staples, Eugene S.
Steadman, Richard C.
Stebbins, James H.
Stebbins, Richard P.
Steel, Ronald
Stein, Howard
Steiniger, Edward L.
Stern, Fritz
Stern, H. Peter
Stewart, Robert McLean
Stoddard, George D.
Stoessinger, John G.
Stokes, Isaac N. P.
Stone, Robert G., Jr.
Straka, Jerome A.
Stratton, Julius A.
Straus, Donald B.
Straus, Jack I.
Straus, Oscar S.
Straus, Ralph I.
Straus, R. Peter
Strauss, Simon D.
Streibert, Theodore C.
Strong, Benjamin
Sulzberger, Arthur Ochs
Sutton, Francis X.
Swing, John Temple
Swinton, Stanley M.

Talbot, Phillips
Tavoulareas, William P.
Taylor, Arthur R.
Thomas, Evan
Thomas, H. Gregory
Thompson, Earle S.
Thompson, Kenneth W.
Todaro, Michael P.
Tomlinson, Alexander C.
Topping, Seymour
Townsend, Edward
Trager, Frank N.
Traphagen, J. C.
Travis, Martin B., Jr.
Trees, James F.
Trippe, Juan Terry
Trowbridge,
Alexander B.
Tuchman, Barbara
Tweedy, Gordon B.

Uzielli, Giorgio

Vance, Cyrus R.
Vila, George R.
Von Klemperer,
Alfred H.
Von Mehren, Robert B.
Voorhees, Tracy S.

Walker, A. Lightfoot
Walker, George G.
Walkowicz, T. F.
Wallace, Martha R.
Warburg, Eric M.
Ward, F. Champion
Warfield, Ethelbert
Warner, Rawleigh, Jr.
Wasson, Donald
Watson, Thomas J., Jr.
Watts, John H., 3rd
Wauchope,
Vice Adm. George
Webster, Bethuel M.
Wells, Richard C.
Wernimont, Kenneth
Whidden, Howard P.
Whipple, Taggart
White, Frank X.
White, Theodore H.
Whitney, John Hay
Whitridge, Arnold
Wilbur, C. Martin
Wilkins, Roger W.
Wilkinson, Theodore L.
Williams, Franklin H.
Wilson, Donald M.
Wilson, John D.
Wingate, Henry S.
Winslow, Richard S.
Wood, Thomas A.
Woodward, Donald B.
Woolley, Knight
Wriggins, W. Howard
Wriston, Henry M.
Wriston, Walter B.
Wyle, Frederic S.

Yarmolinsky, Adam
Yost, Charles W.
Young, Edgar B.
Young, John M.
Young, Kenneth T., Jr.

Zagoria, Donald S.
Zorthian, Barry
Zurcher, Arnold J.

Abegglen, James C.
Abelson, Philip H.
Acheson, Dean G.
Achilles, Theodore C.
Adams, Ruth Salzman
Allen, Charles E.
Allen, Raymond B.
Allison, Graham T.
Amory, Robert Jr.
Anderson, Dillon
Anderson,
Adm. George W., Jr.
Anderson, Robert O.
Anderson, Roger E.
Angell, James W.
Apter, David E.
Armstrong, Brig. Gen.
DeWitt C., 3rd
Armstrong, John A.
Asher, Robert E.
Austin, Vice Adm. B. L.

Babcock,
Maj. Gen. C. Stanton
Badeau, John S.
Baldwin, Hanson W.
Ballou, George T.
Barco, James W.
Barger, Thomas C.
Barghoorn,
Frederick C.
Barker, James M.
Barker, Robinson F.
Barkin, Solomon
Barnet, Richard J.
Barnett, A. Doak
Barnett, Robert W.
Barnett, Vincent M., Jr.
Barrows, Leland
Bartholomew, Dana T.
Bartlett, Thomas Alva
Bass, Robert P., Jr.
Bator, Francis M.
Baumer, William H.
Baxter, James P., 3rd
Baxter, Richard R.
Bayh, Birch E., Jr.
Bayne, Edward Ashley
Beam, Jacob D.
Bechtel, S. D.
Beckhart, Benjamin
Beckler, David Z.
Beer, Samuel H.
Behrmann, Jack N.
Bell, David
Bell, Holley Mack
Benbow, John R.
Bennet,
Lt. Gen. Donald V.
Bennett, Jack F.
Bergsten, C. Fred
Bernstein, Edward M.
Berry,
Brig. Gen. Sydney B.
Betts,
Brig. Gen. Thomas J.
Billington, James H.
Bissell, Richard M., Jr.
Black, Cyril E.
Black,
Brig. Gen. Edwin F.
Blake, Robert O.
Bliss, C. I.
Bloomfield, Lincoln P.
Blumenthal, Richard
Blumenthal, W. Michael
Boardman, Harry
Boeschenstein, Harold
Boeschenstein,
William W.
Bohlen, Charles E.
Bonesteel,
Gen. C. H., 3rd
Bonsal, Philip W.
Boorman, Howard L.
Boothby, Albert C.
Bowie, Robert R.
Bowles, Chester
Bowles, Frank
Braden, Thomas W.
Bradfield, Richard
Bradley, William L.
Braisted, Paul J.
Brewster, Kingman, Jr.
Briggs, Ellis O.
Brimmer, Andrew F.
Brinkley, George A.
Bronwell, Arthur
Brooks, Harvey
Brorby, Melvin
Bross, John A.
Brown, Harold
Brown, Harrison Scott
Brown, Lester R.
Brownell, Lincoln C.
Bruce, David K. E.
Brundage, Percival F.
Bryant, Ralph C.
Bucha, Capt. Paul W.
Bundy, William P.
Bunker, Ellsworth
Bunnell, C. Sterlin
Burchinal,
Gen. David A.
Burgess, W. Randolph
Burns, Arthur F.
Bussey, Col. Donald S.
Butterworth, W. Walton
Byrne,
James MacGregor
Byrnes, Robert F.
Byroade, Henry A.
Byrom, Fletcher

Cabot, John M.
Cabot, Louis W.
Cabot, Thomas D.
Caldwell, Robert G.
Calkins, Hugh
Calleo, David P.
Camps, Mariam
Caraway,
Lt. Gen. Paul W.
Carpenter,
W. Samuel, 3rd
Cary, Maj. Gen. John B.
Case, Clifford P.
Case, Everett N.
Cater, Douglass
Chapman, John F.
Charpie, Robert A.
Chayes, Abram J.
Cheever, Daniel S.
Chenery, Hollis B.
Cherrington, Ben M.
Childs, Marquis
Church, Frank
Cisler, Walker L.
Clark, Bronson P.
Clark, Paul G.
Clark, Ralph L.
Clark, Ramsey
Cleveland, Harlan
Cleveland, William B.
Clough, Ernest T.
Coffey, Joseph Irving
Cohen, Benjamin V.
Cole, Charles W.
Coleman, James S.
Coleman,
William T., Jr.
Collings, L. V.
Collingwood, Charles C.
Conlon, Richard P.
Conrad, Gen. Byran
Coombs, Philip H.
Cooper, Chester L.
Cooper, Franklin S.
Cooper, John Sherman
Cooper, Richard N.
Copeland,
Lammot du Pont
Corson, Dale R.
Cotting, Charles E.
Cowan, L. Gray
Cowles, John
Cowles, John, Jr.
Crane,
Winthrop Murray, 3rd
Cross, James E.
Crotty, Homer D.
Crowe, Philip K.
Curran, Jean A., Jr.
Curtis, Edward P.

Dale, William B.
Dallin, Alexander
David, Donald K.
Davidson, Alfred E.
Davies, Rodger P.
Davis, Nathanael V.
Davis, Nathaniel
Davison, Daniel P.
Dawkins, Maj. Peter M.
Dean, Edgar P.
Deaver, John V.
De Guigne,
Christian, 3rd
De Kiewiet, C. W.
De Palma, Samuel
Destler, I. M.
Deuel, Wallace R.
Deutch, Michael J.
Dexter, Byron
Dickey, John S.
Dickson, R. Russell, Jr.
Doherty, William C., Jr.
Dominguez, Jorge
Donham, Paul
Donnell, James C., 2nd
Donnelly,
Lt. Gen. Harold C.
Dorr, Russell H.
Dorsey, Bob Rawls
Dory, Paul M., Jr.
Douglas, Donald W., Jr.
Dowling, Walter
Draper, William H., Jr.
Dreier, John C.
Drummond, Roscoe
Ducas, Robert
Duke, Angier Biddle
Dungan, Ralph A.
Durdin, F. Tillman

Eberle, W. D.
Eckstein, Alexander
Edwards, A. R.
Edwards, Robert H.
Edwards, William H.
Einaudi, Mario
Eliot, Theodore L., Jr.
Elliot, Byron K.
Elliot, Randle
Elliot, William Y.
Ellsberg, Daniel
Emeny, Brooks
Emerson, Rupert
Enders, Thomas O.
Enthoven, Alain C.
Eppert, Ray R.
Ernst, Albert E.
Estabrook, Robert H.
Evans, John K.
Everton, John Scott

Fahs, Charles B.
Fainsod, Merle
Fairbank, John King
Fairbanks, Douglas
Falk, Richard A.
Farmer, Garland R.
Farmer, Thomas L.
Feis, Herbert
Fenn, William P.
Ferguson, Glenn W.

Fifield, Russell H.
Finkelstein, Lawrence S.
Firestone, Harvey S., Jr.
Fishel, Wesley R.
Fisher, Adrian S.
Fisher, Roger
Flanigan, Peter M.
Florinsky, Michael T.
Ford, Thomas K.
Forkner, Claude E.
Fosdick, Raymond B.
Foster, William C.
Frampton, George T., Jr.
Frank, Charles R., Jr.
Frank, Isaiah
Frankel, Max
Free, Lloyd A.
Freeman, Fulton
Frey, Donald N.
Fried, Edward R.
Friedman, Irving S.
Fuller, Carlton P.
Fuller, Robert G.

Gallagher, Charles F.
Gallagher, John F.
Ganoe, Charles S.
Gant, George F.
Gardner, John W.
Garthoff, Raymond L.
Gaud, William S.
Gaylord, Bradley
Geertz, Clifford
Geier, Paul E.
Geiger, Theodore
George, W. H. Krome
Gerhardt,
Maj. Gen. H. A.
Gerhart, Gen. John K.
Gibney, Frank B.
Giffin,
Brig. Gen. Sidney F.
Gil, Peter P.
Gilbert, Carl J.
Gilbert, H. N.
Gilchrist, Huntington
Gilpatric, Chadbourne
Gilpin, Robert G.
Ginsburgh,
Brig. Gen. Robert N.
Gleason, S. Everett
Glennan, T. Keith
Goheen, Robert F.
Goldberg, Arthur J.
Goldberger, Marvin L.
Goldmann, Guido
Goldman, Marshall I.
Goodhart, Arthur L.
Goodpaster,
Gen. Andrew J.
Gordon, Kermit
Gordon, Lincoln
Gornick, Alan L.
Gorter, Wytze
Graham, Katharine
Grant, James P.
Graubard, Stephen R.
Gray, Gordon
Green, Joseph C.
Greene, James C.
Greene, Brig. Gen.
Michael J. L.
Greenwald, Joseph A.
Griffith, Brig. Gen.
Samuel B., 2nd
Griffith, William E.
Grondahl, Teg C.
Gruenther,
Gen. Alfred M.
Guillion, Edmund A.
Gurganus, William R.

Hall, John W.
Halle, Louis J., Jr.
Halperin, Morton H.
Hamilton, Thomas J.
Hanes, John W., Jr.
Hansell, Maj. Gen.
Haywood S., Jr.
Harbison, Frederick
Hare, Raymond A.
Hargrave, John L.
Harriman, W. Averell
Harris, Irving B.
Harris, James T., Jr.
Harris, Patricia Roberts
Harsch, Joseph C.
Hart, Augustin S.
Hart, Parker T.
Hartley, Fred L.
Haskins, Caryl P.
Haviland, H. Field, Jr.
Haynes, Maj. Gen. Fred
Hays, Brooks
Heintzen, Harry L.
Heinz, H. J., 2nd
Heldring, Frederick
Henderson, Julia
Henderson, L. J., Jr.
Henderson, Loy W.
Herter, Christian A., Jr.
Hesburgh, Rev.
Theodore M., C.S.C.
Hewitt, William A.
Hill, George Watts
Hills, Robert C.
Hinshaw, Randall
Hirschman, Albert O.
Hitch, Charles J.
Hobby, William P., Jr.
Hofer, Philip
Hoffman, Michael L.
Hoffmann, Stanley
Holbrooke, Richard C.
Holst, Willem
Holt, Pat M.
Hoopes, Townsend W.
Hoover, Herbert W., Jr.
Hopkins, D. Luke
Hopper, Bruce C.
Hormats, Robert D.
Horton, Alan W.
Hoskins, Harold B.
Houghton, Amory, Jr.
Hovde, Frederick L.
Huglin, Brig. Gen. H. C.
Huizenga, John W.
Humphrey, Hubert H.
Hunsberger, Warren S.
Hunt, James Ramsey
Hunter, Clarence E.
Huntington, Samuel P.

Irwin, John N., 2nd
Iverson, Kenneth R.

Jacobson, Harold K.
Jaffe, Sam A.
Jansen, Marius B.
Jenney, John K.
Jessup, Philip C., Jr.
Johnson,
Gen. Harold K.
Johnson, Howard C.
Johnson, Howard W.
Johnson, James A.
Johnston, Henry R.
Johnstone, W. H.
Jones, Peter T.
Jones, Thomas V.
Jordan,
Col. Amos A., Jr.
Jorden, William J.

Kahin, George McT.
Kaiser, Philip M.
Kalinski, Felix A.
Kamarck, Andrew M.
Katz, Milton
Katzenbach,
Edward L., Jr.
Kaufmann, William W.
Kaysen, Carl
Kearns, Doris
Kelly,
George Armstrong
Kempner, Frederick C.
Kenen, Peter B.
Keniston, Kenneth
Kennan, George F.
Killefer, Tom
Killian, James R., Jr.
Kimberly, John R.
King, James E., Jr.
King, John A., Jr.
Kintner, Col. William R.
Kissinger, Henry A.
Kitchen, Jeffrey C.
Knorr, Klaus
Knowlton,
Maj. Gen. William A.
Kohler, Foy D.
Kohler, Walter J.
Korbel, Josef
Korry, Edward M.
Kotschnig, Walter M.
Kraft, Joseph
Lacy, Alex S.
Ladejinsky, Wolf
La Farge, Francis W.
Laing, R. Stanley
Laise, Carol C.
Lake, William A. K.
Lamontagne,
Raymond A.
Lampert,
Lt. Gen. James B.
Lamson, Roy, Jr.
Lang, Robert E.
Langer, Paul F.
Langer, William L.
Langsam,
Walter Consuelo
Lanham,
Maj. Gen. Edward G.
Larry, R. Heath
Lasswell, Harold D.
Lawrence, William H.
Laybourne,
Lawrence E.
Laylin, John G.
Lazarus, Ralph
Leddy, John M.
Lee, Charles Henry
Lee,
Vice Adm. John M.
Leghorn, Richard S.
Leich, John F.
Lemnitzer,
Gen. Lyman L.
Lerner, Michael
Le Sueur, Larry
Levine, Irving R.
Levy, Marion J., Jr.
Lewis, John P.
Lincoln, Gen. G. A.
Linder, Harold F.
Lindley, Ernest K.
Lindsay, Franklin A.
Lingle, Walter L., Jr.
Linowitz, Sol M.
Lipson, Leon
Little, David
Little, L. K.
Lockard, Derwood W.
Lockwood,
Manice de F., 3rd
Lockwood, William W.
Lodge, George Cabot
Lodge, Henry Cabot
Long, Franklin A.
Longstreet, Victor M.
Loomis, Henry
Loucks, Harold H.
Lovestone, Jay
Lynch, Edward S.
Lyon, E. Wilson

McCabe, Thomas B.
McClintock, Robert M
McCone, John Alex

McCormack,
Maj. Gen. James
McCracken, Paul W.
McCutcheon, John D.
McDaniel,
Joseph M., Jr.
McDougal, Myres S.
McFarland, Ross A.
McGee, Gale W.
McGhee, George C.
McGiffert, David E.
McHenry, Donald F.
McKay, Vernon
McKinney, Robert M.
McLaughlin, Donald H.
McLean, Donald H., Jr.
McNamara, Robert S.
McNeill, Robert L.
McQuade, Lawrence C.
MacArthur,
Douglas, 2nd
MacChesney,
A. Brunson, 3rd
MacDonald,
Gordon J. F.
MacDonald, J. Carlisle
MacIver, Murdoch
MacLaury, Bruce K.
MacVeagh, Lincoln
Machold, William F.
Maddox, William P.
Mallinson, Harry
Mallory, George W.
Mallory, Walter H.
Malmgren, Harold B.
Manning, Robert J.
Mansager, Felix N.
Marcy, Carl
Marshall, Burke
Marshall, C. Burton
Martin, Edwin M.
Martin, Malcolm W.
Martin,
William McC., Jr.
Marvel, William W.
Mason, Edward S.
May, Ernest R.
Mayer, Ferdinand L.
Mayer, Gerold M.
Meagher, Robert F.
Meck, John F.
Merchant, Livingston T.
Merillat, H. C. L.
Merriwether, Duncan
Metcalf, George R.
Meyer, Albert J.
Meyer, Charles A.
Meyer, Cord, Jr.
Mickelson, Sig
Milbank, Robbins
Miller, Col. Francis P.
Miller, J. Irwin
Miller, William J.
Mills, Bradford
Mladek, Jan V.
Molina, Edgar R.

Montias, J. Michael
Moore, Ben T.
Moore, Hugh
Morgan, Cecil
Morgan, George A.
Morgenstern, Oskar
Morse, F. Bradford
Morton, Louis
Mudd, Henry T.
Muller, Steven
Munger, Edwin S.
Munoz Marin, Luis
Munro, Dana G.
Murphy, Robert D.
Myers, Denys P.

Nason, John W.
Nathan, Robert R.
Nelson, Fred M.
Neustadt, Richard E.
Newman, Richard T.
Nichols, Calvin J.
Nichols, William I.
Nitze, Paul H.
Norstad, Gen. Lauris
Nover, Barnet
Noyes, W. Albert, Jr.
Nye, Joseph S.

O'Connor, Roderic L.
Oelman, R. S.
Oliver, Covey T.
Olson, Lawrence
Olson, William C.
Olvey, Lt. Col. Lee D.
Osborne, Lithgow
Osgood, Robert E.
Owen, Henry

Packard, George R.
Paffrath, Leslie
Palmer, Norman D.
Pantzer, Kurt F.
Park, Richard L.
Parker, Barrett
Parker, Daniel
Parkhurst, George L.
Parsons, John C.
Patterson, Gardner
Patterson, Hugh B., Jr.
Paul, Norman S.
Pearce, William R.
Peardon, Thomas P.
Pedersen, Richard F.
Pell, Claiborne
Pelzer, Karl J.
Penfield, James K.
Perera, Guido R.
Peretz, Don
Perkins, Courtland D.
Petersen, Howard C.
Peterson, Peter G.
Petty, John R.
Phleger, Herman
Pierotti, Roland
Piquet, Howard S.

Plank, John N.
Platig, E. Raymond
Platt,
Maj. Gen. Jonas M.
Pogue, L. Welch
Poletti, Charles
Polk, William R.
Pool, Ithiel DeSola
Posvar, Wesley W.
Power, Philip H.
Power, Thomas F., Jr.
Praeger, Frederick A.
Price, Don K.
Prizer, John B.
Putzell, Edwin J., Jr.
Pye, Lucian W.

Quester, George H.

Radway, Laurence I.
Ranis, Gustav
Rathjens, George W.
Ravenol, Earl C.
Ravenholt, Albert
Ray, George W., Jr.
Read, Benjamin H.
Redmon, E. Hayes
Reeves, Jay B. L.
Rehm, John B.
Reischauer, Edwin O.
Reuss, Henry S.
Revelle, Roger
Reynolds, Lloyd G.
Rich, John H., Jr.
Richardson, David B.
Richardson, Dorsey
Richardson, Elliot L.
Richardson, John, Jr.
Ridgeway,
Gen. Matthew B.
Ries, Hans A.
Ripley, S. Dillon, 2nd
Roberts, Henry L.
Roberts, Walter Orr
Roche, John P.
Rogers, William D.
Roosevelt, Kermit
Rosengarten,
Adolph G., Jr.
Ross, Roger
Rostow, Eugene V.
Rostow, Walt W.
Roth, William M., Jr.
Rouse, Robert G.
Rowen, Henry S.
Rubin, Seymour J.
Ruina, J. P.
Rush, Kenneth
Rusk, Dean
Ryan, John T., Jr.

Salomon, Irving
Salzman, Herbert
Samuels, Nathaniel
Satterthwaite,
Joseph C.

Sawyer, John E.
Scalapino, Robert A.
Schacht, Henry B.
Schaetzel, J. Robert
Schelling, Thomas C.
Schiff, Frank W.
Schmidt, Adolph W.
Schmoker, J. Benjamin
Schorr, Daniel L.
Schuyler, Gen. C. V. R.
Schwab, William B.
Schwebel, Stephen M.
Scoville, Herbert, Jr.
Seaborg, Glenn T.
Seabury, Paul
Sedwitz, Walter J.
Shaplen, Robert
Sharp, Walter R.
Shearer, Warren W.
Sheperd, Mark, Jr.
Sherbert, Paul C.
Shields, Murray
Shirer, William L.
Shishkin, Boris
Shuster, George N.
Simsons, Howard
Simpson, John L.
Sisco, Joseph J.
Skolnikoff, Eugene B.
Slocum, John J.
Smith, Gerard C.
Smith, Horace H.
Smith, Robert W.
Smithies, Arthur
Smyth, Henry DeW.
Solomon, Anthony M.
Sonne, Christian R.
Sonnenfeldt, Helmut
Sontag, Raymond James
Soth, Lauren K.
Southard, Frank A., Jr.
Spaatz, Gen. Carl A.
Spaeth, Carl B.
Spain, James W.
Spang, Kenneth M.
Spencer, John H.
Spencer, William C.
Spiegel, Harold R.
Sprague, Robert C.
Sprout, Harold
Staley, Eugene
Stanley, Timothy W.
Stason, E. Blythe
Stassen, Harold E.
Stein, Eric
Steiner, Daniel
Stephens, Claude O.
Sterling, J. E. Wallace
Sterling, Richard W.
Stevenson, John R.
Stevenson, William E.
Stewart, Robert Burgess
Stilwell,
Lt. Gen. Richard G.
Stone, Donald C.
Stone, Jeremy J.

Stone, Shepard
Straus, Robert Kenneth
Strausz-Hupe, Robert
Strayer, Joseph R.
Sullivan, William H.
Sulzberger, C. L.
Surrey, Walter Sterling
Swearer, Howard R.
Symington, W. Stuart

Tanham, George K.
Tannenwald,
Theodore, Jr.
Taylor, George E.
Taylor,
Gen. Maxwell D.
Tennyson, Leonard B.
Thayer, Robert H.
Thompson, Llewellyn E.
Thomson, James C., Jr.
Thorp, Willard L.
Timberlake, Clare H.
Tobin, James S.
Trezise, Philip H.
Triffin, Robert
Truman, David B.
Turkevich, John
Tuthill, John W.
Tyler, William R.

Ullman, Richard H.
Ulmer, Alfred C., Jr.
Upgren, Arthur R.

Vaky, Viron P.
Valentine, Alan
Van Dusen,
Rev. Henry P.
Van Slyck, DeForest
Vernon, Raymond
Volcker, Paul A.

Wagley, Charles W.
Wahl, Nicholas
Wait, Richard
Walker, George R.
Walker, Joseph, Jr.
Wallich, Henry C.
Walmsley, Walter N.
Waltz, Kenneth, N.
Ward,
Rear Adm. Chester
Ward, Robert E.
Warnke, Paul C.
Washburn, Abbot M.
Wasson, R. Gordon
Watkins, Ralph J.
Watson, Arthur K.
Weaver, George L. P.
Wehrle, Leroy S.
Weiner, Myron
Weisskopf, Victor F.
Welch, Leo D.
Wells, Herman B.
West, Robert LeRoy
Westmoreland,
Gen. W. C.
Westphal, Albert C. F.
Wharton, Clifton R., Jr.
Wheeler, Oliver P.
Whipple,
Brig. Gen. William
Whitaker, Arthur P.
Whiting, Allen S.
Wiesner, Jerome B.
Wight, Charles A.
Wilbur, Brayton, Jr.
Wilcox, Francis O.
Wilcox, Robert B.
Wilcox, Wayne A.
Wilds, Walter W.
Wilhelm, Harry E.
Williams, Haydn
Williams, John H.
Williams,
Langbourne M.
Willits, Joseph H.
Wilmerding, Lucius, Jr.
Wilson, Caroll L.
Wimpfheimer, Jacques
Winton, David J.
Wofford, Harris L.
Wohlstetter, Albert
Wohlstetter, Roberta
Wolf, Charles, Jr.
Wolfe, Thomas W.
Wood, Harleston R.
Woodbridge, Henry S.
Wright, Adm. Jerauld
Wyzanski,
Charles E., Jr.

Yntema, Theodore O.
Young, T. Cuyler
Youngman, William S.
Yudkin,
Maj. Gen. Richard A.

Zimmerman, Edwin M.

U.S.A. Library of Congress Catalog Number: 72-90202

Gary Allan lebt in Kalifornien als freischaffender Schriftsteller, der sich vorwiegend dem politischen Geschehen unserer Zeit widmet. Er machte das Abschlußexamen in Geschichtswissenschaft an der Stanford-Universität in Kalifornien und erhielt seine Graduierung an der California State-Universität in Long Beach. Er ist Autor vier weiterer Bücher, darunter auch einer unautorisierten Biographie Richard Nixons.

Nach Abschluß seines Studiums wurde ihm durch selbständige Untersuchungen bewußt, daß die Ausbildung auf der Universität in höchstem Maße manipuliert wurde, indem man wesentliche geschichtliche Tatsachen einfach verschwieg. In diesem Buch legt Gary Allan das Ergebnis seiner persönlichen, ungewöhnlich umfangreichen Recherchen vor, die er nach seinem Studium begann und denen er fast zehn Jahre widmete. Sein Anliegen besteht vor allem darin, die wahre Rollenverteilung in der Politik zu veranschaulichen und so das Interesse der Öffentlichkeit auf die gefährdete Zukunft zu lenken.